希塔顯化天賦

讓全世界，都支持你

成為更高版本的你

希塔科學認證導師
一隅有光 Nicole／張董宸 著

作者序

用自己的力量，改變未來

在接觸希塔療癒之前，我是個沒有任何靈通能力的麻瓜，看到別人擁有很強的直覺力或是可以感應到普通人看不到的東西，都覺得十分佩服。

我在台南長大、台北求學，進入新聞媒體業約十年的時間，曾在電視台、網路、報社等做過編輯、企劃和娛樂記者等工作。長期以來，處於高壓之下的生活型態，造成身體出現許多不適，也總是在尋找不同的紓壓方式，包括運動、瑜伽、靜坐、冥想、心靈療癒、吃不同的營養補充品等，但卻無法獲得有效的改善。

我曾學習過身心靈相關的課程，想要更深入認識自己，從內在尋找強大的力量自我療癒，用各種不同的工具一步一步往心靈深處走。

離開媒體業之後，在中國大陸工作的那幾年，內心充斥著深深的匱乏感。當時跟朋友們熱衷於研究占星術，把自己諸事不順的原因都歸咎於當時土星移動到某個宮位，造成我需要在生活中經歷一些考驗，才能從中理解和學習到生命給予的課題。

二〇一八年，我的閨密群都在聊希塔療癒，當時完全聽不懂，那幾年也一直深陷在自己的負面狀態中，苦苦等著某個行星早日離開最困難的宮位，但似乎都沒有好轉的跡象。隔年，好友ＹＹ莊雅惠前往日本完成希塔導師認證後，另一位好友采菲向她學習完希塔療癒課程後與我分享，並把我當成練習的對象，我也由此展開希塔療癒的神奇體驗。二〇一九年九月的中秋假期，回到台灣學習了三天的基礎課程。

至今，仍記得自己在希塔基礎課程中一臉茫然的樣子。因為希塔療癒跟以往學習過的課程不同，雖然結合了靈性與科學的方式，但在靈性部分，我總覺得自己尚未開竅，第一天的課程完全跟不上。畢竟整套課程是經過系統化的設計，在三天的基礎課程結束之後，自己的靈通感知力也漸漸被打開。

當我完成第三堂深度挖掘課程之後，每天都認真的練習以所學的方式療癒自己。而二〇二〇年正值疫情爆發，當時在中國的所有工作都停滯，陷入對未來方向前所未有的恐慌，透過希塔療癒的深度挖掘，找出自己潛意識中各種焦慮、擔心的信念，並將這些負面情緒和信念轉換掉。此時，或許是停下步伐休息的最佳時機，之後再思考未來該何去何從。

轉換限制性信念，翻轉人生

以前的我，有無法停止工作的信念系統，總是不停地找很多事給自己做，讓自己忙得團團轉。**當信念改變之後，世界似乎就增加了更多的可能性，也讓我能用各種不同的觀點去看待萬物。**

決定要好好休息之後，跟一群朋友去墾丁旅遊時參加了銅鑼頌缽工作坊，好像撬開了一個新世界。當時幫墾丁的頌缽老師和瑜伽老師進行希塔療癒，才發現自己原來也有療癒他人的能力，希塔療癒師這份工作也就此萌芽。成為療癒師之後，一路接個案、舉辦工作坊，直到二〇二〇年十一月參加了美國導師班，完成四堂導師課程。二〇二一年，陸續在台南與台北兩地開希塔療癒師的培訓課程。

成為希塔導師之後，我一邊開課、一邊進修，從只有四堂導師的資格，到二〇二三年四月，於日本完成希塔 Master 大師認證，也在線上與維安娜學習完「疾病與失調」導師課程，完成希塔 Science 科學導師認證，可以教授十六堂希塔認證課程，擁有官方認證的三十七個療癒執行師資格。

截至二〇二三年九月學習希塔滿四年，希塔療癒認證課程已超過一二〇班，近千人的學生數出現在我的教室中，這些學生們是走進我生命的靈魂家族，讓我見證了許多奇蹟。

我透過希塔療癒轉換掉大量的限制性信念，重新翻轉自己的人生。其中，有幾個非常關鍵的信念一直影響著我：過去總認為要很努力工作賺錢、工作上必須小心翼翼、不允許自己休息和放鬆等。我將其轉換成「我可以輕易豐盛、我放鬆也可以豐盛、我允許自己休息……」等正面信念，漸漸在生活中出現改變，工作時間變得比以前少，但收入卻比之前多二到三倍。最重要的是，我做著自己熱愛的工作，安全走在自己的神聖時機上。

因為各種信念的轉換，當自己成為療癒師的使命來臨時，便能順利走上這條神聖的道路。很感謝一直以來相遇的靈魂家人，有我的同學們、學生們，為我灌注了很多、很多的愛和支持，讓我能用最純粹的意念走在希塔這條旅途上。也希望我能用愛陪伴更多美好的靈魂們一起前進，共同在地球這個遊樂場上，快樂且豐盛、健康的玩耍。

這本書將分享在學習希塔療癒的過程中，內在被啟發的部分。當你準備要療癒自己時，可能會感到不舒服，但我們會以勇敢的美德面對自己的內在傷痛，而療癒過程中的不適只是暫時的，親身經歷後，將感受到由內而外的蛻變與重生。

真正的療癒和「外在」無關，而是與我們的「內在」息息相關，療癒始終源於自己。

邀請你藉由本書，開啟療癒自己與他人的第一步，創造豐盛圓滿的未來，宇宙會支持你的一切，引領你成為更高版本的自己。

走吧，一起開始吧！

感謝文

感謝 Vienna Sitbal 創辦希塔療癒、感謝 Joshua & Raena、安老師、ＹＹ莊雅惠、Lidija Jurica 莉迪亞引導我的靈魂成長。感謝周起和所有共同學習的同學們，協助我看見內在的愛，也感謝一路相遇的靈魂家人們及我第三界家人們的愛與支持。

所有的感恩，在宇宙源頭無條件的光跟愛之下，發送給每個人，並用愛祝福這個世界。

Contents 目錄

CHAPTER 1

看見自己的天賦才能

CHAPTER 2

接受自己的美好特質

CHAPTER 3

成為更高版本的自己

CHAPTER 1

看見自己的天賦才能

Find your own talents

腦波的影響—強大的希塔腦波—結合靈性與科學—潛意識如何形成—思維的影響力—練習：自我對話觀察—智慧提問句—日常練習

1 從覺察自己的潛意識開始

人類大腦的基本運作——腦波的影響

人腦中的神經細胞在活動時，會持續發出電磁波，如果用科學儀器偵測大腦的電位活動，在螢幕上看起來就像海浪波動一樣，所以稱之為「腦波」。人類活著的每一秒，不論在做什麼，甚至是睡覺時，大腦都會產生「腦波」。

腦波依頻率可以分為五大類：Alpha（α波）、Beta（β波）、Gamma（γ

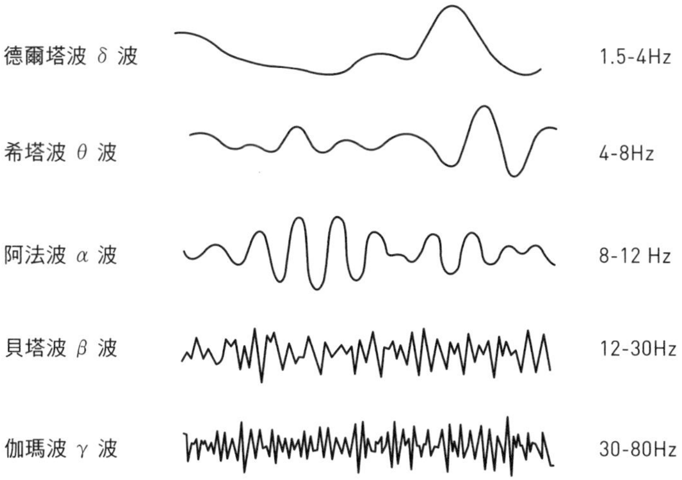

波）、Delta（δ波）和 Theta（θ波）。這些意識的組合，形成一個人的內在與外在行為，以及情緒和學習上的各種表現。

1. Gamma（γ波），30～80赫茲波動的腦波，是所有腦波中速度最快的，也是人們在學習和處理訊息時所處的狀態。

2. Beta（β波），12～30赫茲波動的腦波，屬於有意識的腦波。當人們處於清醒、專心、保持警覺狀態時，或是在思考、分析、說話和積極行動時，大腦就會發出這種腦波。

3. Alpha（α波），8～12赫茲波動的腦波，也就是每秒8～12周波的頻率運行的腦波。當人們放鬆身心、沉思時就處在α腦波。α波是β波與θ波之間的橋梁。在這個波段，人們經常會遐思或者做「白日夢」，這種模式下的人應該是處於放鬆式的清醒狀態中。

4. Theta（θ波），4～8赫茲波動的腦波，進入睡眠的第一階段，屬於深度放鬆的狀態。一般人需要打坐好幾個小時，才有辦法達到這種境界，藉此獲得內心深層的平靜。θ腦波被認為是一種潛意識，支配著大腦的有意識及無意識之間，並保留了記憶和感覺，同時傳達你的信念和行為。

5. Delta（δ波），1.5～4赫茲波動的腦波，是人們沉睡無夢時發出的腦波。

進入希塔腦波是什麼狀態？——強大的希塔腦波

希塔波主要掌管記憶與知覺，也掌管著我們的態度、信念、行為。希塔腦波總是富有創造力，具有靈感和精神上的感覺，並且能夠鼓舞人心，通常也會使靈性的感覺特徵變得更明顯。在這樣的狀態下，大腦的邊緣系統比較活躍，能量供給也更為充足，容易觸發並強化較深層的記憶。

希塔腦波是一種非常強大的力量。使用希塔波的其中一個例子是西藏上師，在冬天他們把濕透的毛巾放在肩膀上，幾分鐘後毛巾就能完全變乾；在古代，夏威夷的卡胡納（Kahunas）[1]進入希塔波之後，能在熱熔岩上行走。

當你進入希塔波的狀態時，便可連接一切萬有的源頭，立刻替一個人進行療癒。希塔療癒的創始人維安娜（Vianna Stibal），確認希塔療癒可以將我們

1 夏威夷語，意指任何領域的專家，它曾被用來代表醫師、外科醫師、牙醫師、牧師和巫師。

迅速地帶入希塔波狀態。處於希塔狀態時，人體可以獲得即時的療癒和恢復，想法也能得到即時顯化。這是一個非常高效療癒的過程，在即時恢復的奇蹟中，大腦波段可調整至每秒4至5000赫茲[2]。

任何人都能進入希塔波的狀態，即使是剛開始學習這個技術的人。不僅療癒師可以進入希塔波狀態，而正在被療癒的人也會同時進入希塔波狀態。經過希塔療癒後，被療癒者的身心狀況能在短時間內快速好轉。如果有些人無法被快速療癒，那是因為被療癒者在核心、遺傳、歷史和靈魂層上承載著某些信念，需要被清理或轉化。

關於希塔療癒 Theta Healing® ——結合靈性與科學

希塔療癒是由美國的維安娜，創立於於一九九五年。維安娜在一九九〇年因疾病纏身而陷入困境，當時她使用各種藥物進行治療，都以失敗告終。後來，她嘗試了自己平常使用的靈性解讀方式（即以後發展出的希塔療癒法）作治療時，竟然神奇地治癒自己的病痛。

在治療疾病的過程中，維安娜透過與傳統醫學的合作，逐步在進行每個療癒時，透過科學記錄驗證了人們原來擁有自癒能力。有別於其他的身心靈流派，希塔療癒更富有醫學及腦科學的佐證，也因此被稱為是「靈性」與「科學」結合的療癒工具。

簡而言之，希塔療癒透過冥想，讓腦波呈現希塔波狀態，進而改變潛意識信念，快速達到身心靈療癒的效果。

維安娜將這套療癒系統傳授至全世界各地，時至今日，已經是一項世界知名的療癒方法。在一百八十多個國家與地區擁有從業人員和講師，相關的書籍

2 參考《希塔療癒：世界最強的能量療法》Theta Healing® Introducing an Extraordinary Energy Healing Modality P.33.

已翻譯成二十五國語言。

希塔療癒也是一種冥想和精神哲學，並非特別屬於某一種宗教，而是接受所有宗教，目的是與Creator（一切萬有的源頭、造物主）更加接近。當我們潛意識的想法改變後，行動也會產生變化，最後在生活中創造巨大的不同。

這是一種針對思想、身體和精神的訓練療法，可以清除限制住我們的信念，以積極的思想生活，並讓我們在行動中持續發展美德。

希塔療癒教導我們如何運用自己的自然直覺，依靠宇宙源頭無條件的愛來進行真正的「療癒工作」。透過調整腦電波頻率至「希塔狀態」，實際上可以用心見證，宇宙源頭在瞬間創造了身體和情緒的健康。

希塔的哲學，是透過愛的純粹本質來生活、訓練和指導他人如何獲得更好的人生。在希塔的系統中，我們與宇宙源頭一起工作，進而幫助實現心靈、身體和精神上的和諧。其中，建構希塔世界的即為宇宙中存有的七界[3]。而宇宙的七界中，每一界都擁有自己的規範與療癒法則，維安娜也在此接收第七界源頭的訊息，讓我們更加了解整個宇宙。

第一界：由地球上所有的非有機物質、礦物水晶、土壤岩石等組成。大家小時候上課背的元素週期表、水晶飾品、療癒師提供的水晶療癒等，便是使用水晶蘊藏的第一界能量，對身體能量進行調整。

第二界：由花草植物、仙子精靈、維生素、酵母細菌等組成。過去中醫常見的熬煮藥草、植物萃取的精油、花精等，也是屬於第二界的療癒。

第三界：是所有的動物與人類生活的一界，主要由蛋白質與氨基酸組成。第三界是人們學習控制身體、思想、情感及意識的空間，並培養思考能力、想像力跟解決問題的能力，現代醫學的發達便是這一界積極發展下的結果。

---

3 參考 Theta Healing® Introducing an Extraordinary Energy Healing Modality P.221.

第四界：這裡是靈魂的國度，是人們死後的居所，祖先轉世前等待的地方。也就是故事中常提到的靈界、天堂、地獄或西方極樂世界等。而一些古老宗教中常提到的祭司、巫師、薩滿、和尚、道士，便經常借用靈魂或祖先這一界的能量。

第五界：是天使、天神、佛陀、指導靈、揚升大師、天使、甚至是惡魔等，所存在的空間。在第五界當中，依然存有善惡二元的思想，宗教也屬於第五界。這裡同時是最多靈性使者使用能量幫助人們療癒的地方。

第六界：運行全宇宙的法則所存在的空間。例如，時間法則、電力法則、磁力法則、重力法則等，從大法則延伸至無數的小法則，這一界是所有事物的真理與責任存在的地方，前世今生、因果關係、阿卡西紀錄、占星術、人類圖等，便是使用這一界的能量。

第七界：這一界便是純粹能量的「一切萬有源頭的造物主」。在這裡，透過造物主的能量驅動第一界到第六界的能量，這個空間裡沒有批判，只有滿滿的光與愛，是希塔療癒師所使用的能量。

透過基礎冥想的過程中（參考P.88），我們可以連接自己信仰的更高智慧，進而創造身體與心靈上各種面向的改變。對於希塔療癒最適當的解釋是：「**這項技術將困住自己的框架拆除，敞開心房、重新擁抱喜悅，找回眞正的自己，發展出美好的新生活與生命中可以實現的奇蹟。**」

潛意識能與過去、現在—未來連結——潛意識如何形成

你是否曾想過，我們日常生活中的行為及情緒，大部分都是在無意識的狀態下進行呢？這些無意識的活動又是如何影響我們的？

根據佛洛伊德的精神分析學說，人的大腦精神意識可分為「意識」和「潛意識」。「意識」是外顯的外在行為，是通過有意識的想法來主導，以及隨時

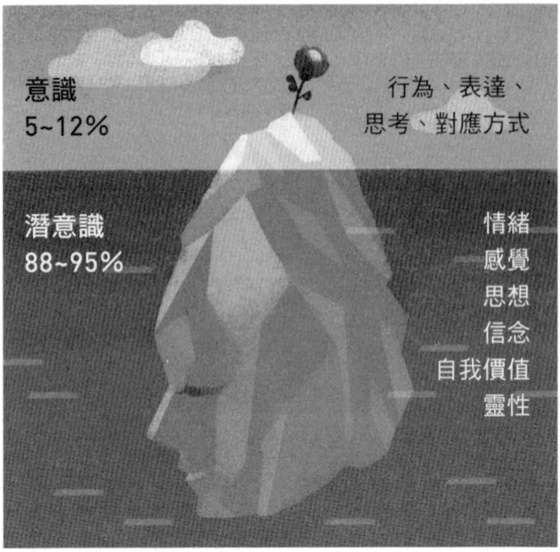

可察覺的動機或理性思考。而「潛意識」，其實才是主宰我們大部分的狀態。「潛意識」記載着我們從出生開始的經歷、記憶、情感、想法、情緒、信念、價值觀與行為模式等。

從人格結構的組成來看，意識和潛意識就好比一座冰山。露出水面的一小部分，便是我們察覺到的「意識」，在大腦中大約占據5～12%的百分比；而深藏在水面之下，肉眼看不見的冰山，就是我們埋藏著的「潛意識」，占據大腦約88～95%。雖然表面上看不見，但它確實存在，並對我們有著很大的影響。

意識的部分比較容易理解，我們知道每天早晨醒來後，準備去工作、想著中午要吃什麼、工作時要負責哪些內容、下班後去玩樂或進修等，這些都是大腦有意識進行的待辦事項。意識讓我們在日常世界中，有能力認知和理解周圍的環境，了解自己本身具有哪些優缺點，進而在生活中可以作出各種判斷。

處在潛意識時，就不是大腦在有意識時能主宰的狀態。當我們產生一個想法或反應的那一瞬間，身體便會呈現「自動駕駛」的模式。例如，媽媽開車送小孩上學時，為什麼可以一邊開車、按喇叭、一邊跟小孩講話，一手拿著咖啡、一手忙著換檔的同時，還能幫小孩擤鼻涕？因為這些自動的動作，在重複多次的狀況下，身體早已記住如何執行這些事，不再需要經過有意識的思考，而是以潛意識在運作。

大腦平均只有5％的意識是清醒的，它們正對抗著平均95％自動運行的潛意識。如果到了30歲，95%的自我仍是一個無意識的自動程式，那我們95%的人生，就是一個無自主想法的生活狀態。

因此，一個人若有意識的想要讓自己變得快樂、健康和生活更加豐盛，但潛意識裡可能充滿許多過去受苦的經驗和限制性信念，那些人生一再重複的痛苦和遺憾所產的記憶，會使身體下意識中對記憶產生慣性，在大腦中留下深深的烙印，無法輕易抹去。

潛意識像是一個能量強大的收發傳送站，不受時間和空間限制，能和宇宙源頭連接，能與身心靈交流，甚至可以跟過去、現在、未來溝通，包含過去的感受和智慧、現在的知識、未來的願景。潛意識的力量超乎我們的想像。

★讚美總是聽過就忘，批評卻能記一輩子

「希塔療癒」的創辦人維安娜提到，潛意識是由四個不同的信念層所創

造[4]。其中包含了原生家庭的「核心層」、來自祖先遺傳的「遺傳層」、前世或集體意識的「歷史層」以及靈魂累世的情緒信念「靈魂層」等。

其中「核心層」信念，是我們能記得從小到大的所有經歷與想法，甚至是在媽媽肚子裡就可以感受到媽媽的情緒開始，一直到在原生家庭裡所接受的教育、成長後創造出來的想法和情緒。

從小到大，不論養育者是誰，大腦就一直被灌輸了各種想法，有些思考模式已累積多年，經過內在和外在的不斷驗證，會變得非常強韌。關於自己的個性、優缺點、想法、情緒等，都會直接影響我們的價值觀與世界觀。**若習慣一直想著同一件事，會改變大腦、神經系統和體內細胞的化學反應，讓我們之後更容易直接啟動這種思考模式。**所以大家才會常說，當你越常往什麼方向想、就越容易朝什麼方向去，而心想事成的概念也是類似如此。

4 《希塔療癒：世界最強的能量療法》Theta Healing® IIntroducing an Extraordinary Energy Healing Modality P.123.

一般孩子在0到2歲的腦波，處於Delta波。透過父母與家人感知這個世界，潛意識裡儲存了許多正面或負面的感覺。從2到7歲時，腦波則在希塔波，是學習與吸收能力最強的時期，基礎的行為模式、想法、價值觀、情緒管理等，也都在這個時期完成學習。「核心信念」在7歲前，就會深植在潛意識中，累積成我們相信自己是什麼樣的人，建立深刻的自我認同感和價值觀。

例如，我的個性是外向或內向、我很聰明或很笨、我的數學不好、我的脾氣很好或不好、我是溫柔細心或粗心大意等，這種自我認同便是「個性」的架構，也可想成是由「信念」所創造出來的。當你一直反覆跟自己這麼說的時候，就會讓我們成為這樣的人。

「核心信念」多數是由父母、家庭、學校社群和早期的人生經驗所建立，包含了正面或負面的限制性信念。但遺憾的是，負面信念大多來自於自創傷。

一旦大腦建立了限制性信念，認知就會出現偏差，不符合信念的資訊就會

自動被忽略。例如，如果你有「自己不夠好」的限制性信念，就算今天被別人稱讚，或是在職場上受到肯定，也會認為別人講的只是場面話，或覺得主管可能還沒看到自己不好的地方，等到被發現時，就會知道自己是沒有實力的。倘若真的在工作上犯了錯，不論是因為意外還是自己造成，都會歸類為預料中的事，然後告訴自己：「對啊，我真的不夠好，我配不上這個工作。」

生活中，很多人都會往負面思考，表示我們比較重視負面的訊息，容易跳過正面的想法。這就是為什麼當你收到讚美或在工作上表現亮眼時，很容易就忘記；但只要有人批評你一句，卻永遠都不會忘記。

對自己說什麼，就會成為什麼——思維的影響力

那麼，「我不夠好」的這個信念，是經由什麼樣的過程被創造出來的？

當我們透過希塔波靜心冥想，回到內在詢問自己，腦海中第一次出現「自

己不夠好」的想法是何時？可能會想起在很小的時候，某次很開心的完成作業、畫完一張圖或進行才藝表演後，重視的家人們對此沒有作出任何反應，甚至是讓你感到被忽略。此時年幼的你，不禁會產生：「我是不是做得還不夠？應該要再努一點？還是我做得不好呢？」等自我懷疑的想法，從此在心中埋下一顆種子。

這些自我懷疑的想法會在心裡反覆出現，身體細胞會漸漸記住這種信念，久而久之，便成為我們的一部分。從此帶著「我不夠好」的信念一路成長，並深信不疑。

然而，人類都具有自由意志，當你能夠覺察到這樣的念頭後，就可以重新做出新的選擇，信念也會隨之轉換。**你相信什麼，就會創造什麼；你對自己說了什麼，就會成爲那樣的人。**

一些根深柢固的舊有想法，會讓我們不斷用同樣的方式去感覺一切，並用這些感覺思考，因此創造出這樣的記憶狀態，對自己的描述是：「我好懶喔、我的脾氣暴躁沒耐心、我的個性很急、我好像沒有這麼聰明」等，這些感覺記憶，在不知不覺中成為決定個性特徵的主要關鍵。

當感覺變成思考路徑，就很難改變。而所謂的改變，是大腦中的想法得擺脫以往「單純的感受」，再自行創造全新的、正面的感受。

★★★

「自我覺察」有個很好的練習，就是試著寫下自己的語言。越多的對話觀察，越容易看見自己的內在信念。

創造改變信念的第一步，便是覺察自己所思所想。現在開始，記得每天保留一點時間與自己對話，而自我對話的過程中，許多細節都會真實表露出你未曾留意過的內心感受與想法。

★練習自我對話觀察：

1. 每天早上醒來的第一個念頭是什麼？
2. 你會經常分心或沉浸在過去、未來的思緒中嗎？如果有，你當下的感覺是什麼？
3. 你會用情緒來回應各種事件嗎？事後會感到丟臉或自責嗎？
4. 你會容易陷入自我批判之中，覺得難以了解自己的身體、情緒和心靈狀態嗎？
5. 你在表達自己的想法時，會容易語塞，或因為難以誠實說出自己的需求，而乾脆不說了嗎？
6. 你是否有發現，自己在生活中總是不斷重複過去的經歷和模式嗎？

✶ ✶ ✶

★智慧提問句：

為了讓大家可以更快速理解自己的信念，下面將列出幾個基本的提問，從這些不同面向出發，會更容易理解自己的真實想法。在睡前靜下心來與內在對話，透過向自己提問，可以越來越清楚覺察自己的狀態喔！

1. 我是正面想法多或負面想法多的人呢？
2. 我知道自己感興趣的領域是什麼嗎？我對感興趣的領域充滿好奇心嗎？
3. 我喜歡待在什麼樣的環境下呢？在什麼樣的工作或生活環境中，會讓我感到開心？
4. 父母最常跟我說的話是什麼呢？
5. 朋友們都說我是怎樣的人？

✶ ✶ ✶

★

日常練習

每日抄寫對話

STEP 1 為自己準備一本筆記本，或是在手機裡開啟一份專屬備忘錄。

STEP 2 替自己建立儀式感，花點時間規劃如何進行這個對話練習，將與自己的對話寫下來。

STEP 3 每天設定一個時間，從靜坐冥想開始，練習進入希塔波，讓自己與造物主連結，回到內在與自我對話，連接宇宙源頭訊息，用無條件的愛轉換限制性信念。

有意識的每天做出一點點改變，設定微小的步驟，你將會慢慢地朝美好的未來前進。

2 你是如何看待自己？

你的想法創造了你－釋放內在批判－有哪些限制性信念－智慧提問句－日常練習－祈禱文：釋放批判、接受自己

刪除腦海中的負面思考——你的想法創造了你

許多人從小就會透過各種不同的工具來了解自己，例如：生肖、血型、星座、雜誌裡的心理測驗等，以不一樣的面向認識自己所處的位置和分類。

是否還記得小時候看到自己被歸類在哪一種人時，心裡會浮現一種認同感：「好準喔，我就是這樣！」或是「咦？我有這樣嗎？」例如，牡羊座總是

帶給大家「脾氣很火爆」的印象，而一提到處女座則會立刻聯想到「有潔癖」，雙魚座則是「浪漫」的代表。

星座在宇宙法則之下，具有一定的真理，大多數人在懵懵懂懂的時期，想多探索自己時可以當成很棒的參考資料。但有時，人們會不自覺的被困在這些既定印象中，然後會誤以為自己就是這樣的人。

人類的思想具有強大的創造力，透過意識與思想可以實踐現實生活，但也可以重塑與自己的思想、念頭和意識。潛意識裡的信念系統隨時都在影響我們的思想、行為和情緒。有些從原生家庭建立的想法隨著逐漸成長，過去固有的信念模式需要被打破，必須有意識地覺知負面念頭，創造正面的想法。

對於出現在腦海中的每一個消極念頭或負面句子，可以說：「取消」。此時，大腦便不會讓負面想法進入潛意識中，就像電腦裡的「Delete」鍵一樣，會將這個語言的暗示從大腦刪除。

而負面想法又是如何在不知不覺中影響我們？如果幼年時期經常被周圍的人貶低，可能就會習慣低價值感的自我評價。工作出錯時，心中第一個冒出來的念頭也許是：「我實在太糟糕了，我的工作能力不行。」開始自暴自棄。

相同的事情若發生在一個自我價值感高的人身上，他的想法可能會是：「這次不小心出錯了，下次我得多加留意。」然後再採取應對措施，想辦法改善工作狀況。

不同的思考方式導致不同的行為和結果，所以我們需要提升覺知，察覺第一時間冒出來的想法或念頭，如果是偏向負面的，便可有意識地將它「取消」。

減少抱怨才會更順心——釋放內在批判

如果平時有仔細聆聽自己的內在對話，聽起來會是什麼樣的內容呢？是否曾聽過這樣的負面句子：「我怎麼這麼笨。」「我完蛋了。」「根本沒人問過我是怎麼想的、為什麼有這麼多不懂得替別人著想的人？」長期以來，你的內在聲音是否一直在挑剔與抱怨？你是否總帶著批判的眼光看待自己與這個世界？

從前，我也習慣不停的抱怨，心中充滿憤怒的情緒，看所有的人事物都覺得不順眼，更沒有意識到自己正在助長自憐自艾的情緒。當時的我，對自己的內在並不了解，也對未來感到十分迷惘。

當我們還是個小嬰兒時，看待生命的態度是如此開放，會帶著好奇的眼光看世界。長大之後，漸漸接受了他人的意見，有時會把那些意見當成自己的想法，並學會如何批評，不論是批評自己或他人。但自從進入身心靈領域學習後，終於發現語言的重要性，特別是希塔療癒的潛意識清理，讓我學習聆聽自己說的話，發現內心深處有個批判者，於是努力停止自我批判。透過每次的挖掘清理，越來越清楚地看見批判的信念系統是如何影響一個人。

接納自己的各種狀態——有哪些限制性信念

想要脫離內在批判的狀態，首先必須學會辨識它們。潛意識裡的各種限制性信念，時時影響著你看待自己的態度。

1. 完美主義、我必須完美

許多人追求完美主義是為了獲得安全和支持。不妨思考看看，究竟自己是出於什麼原因追求完美？你想要的「完美」是為了得到什麼結果？

當你想要放下「完美」時，可以轉換成：

- 我現在不需要完美就能獲得安全和愛。
- 我會遠離那些要求我做到完美的關係，讓它不要太靠近我的內圈。
- 我有權利犯錯，犯錯並不會使我成為一個「錯誤」。
- 每個錯誤或意外都是一個機會，讓我在尚未得到愛的部分練習愛自己。

2. 擁有「是非對錯」和「非黑即白」的思維

在希塔療癒中，人們都是從第五界來到第三界的，第五界具有的二元論能量會自然傳承給第三界的人類和動物。因此，我們或多或少都帶著這些是非對錯或善惡分明的想法生活著，也容易以這樣的方式判斷一切。

當你想要放下「是非對錯」時，可以轉換成：

- 我拒絕被極端化或過於籠統的描述、判斷或批評。
- 一個意外的負面事件並不意味著我會永遠失敗。
- 用「總是」或「從不」這類語言描述我，通常都有失偏頗。

3. 自我厭惡和羞恥感

自我厭惡和羞恥感，除了從童年時期被創造出來，像是家人對自己的謾罵或同儕間的霸凌等，有更多部分是來自於遺傳層祖先存在細胞裡的記憶，讓我們用貶低自己的方式求生存。

將這些負面感受轉換成：

- 我會忠於自己，站在自己這一邊。
- 我是一個足夠好的人。
- 只要我沒有傷害任何人，就要拒絕因正常的情緒反應（如憤怒、悲傷、恐懼和抑鬱）而受羞辱。
- 我拒絕因難以完全消除自我憎恨的習慣而攻擊自己。

4. 總是對未來感到憂慮

帶著擔心和焦慮生活，會幫助自己獲得什麼呢？有時是透過這樣的憂慮推動自己前進，但或許可以改成較為輕鬆的方式往前走。

從內在將憂慮轉換成：

- 我不會一遍遍地重複檢查細節，不會無止境地懷疑自己。
- 我無法改變過去，所以我原諒自己曾經犯下的所有錯誤。
- 我無法保證未來完全安全。

・我不會試圖控制無法控制的事情。
・我會以一種「足夠好」的方式工作。

5.容易與他人比較，或看到他人活得完美時習慣貶低自己

看到別人在社群媒體上過得很好時，就會覺得自己一無是處。內心被這樣的感覺包圍，對自己有什麼好處呢？會讓自己向上成長還是往下沉淪？

請跟自己說：

・我拒絕毫無原因地將自己與他人進行比較。
・我不會將「我的內在與他們的外在」進行比較。
・我不會因為自己沒有一直處於最佳狀態而自我批判。
・在這個迫使我們一直表現出快樂的社會中，我不會因為心情不好而對自己失望。

＊＊＊

讀完本篇，你可能會發現原來自己有這些限制性信念。

1. 一直在意別人的眼光，因為我必須完美。
2. 總是覺得自己不夠好。
3. 需要不斷貶低自己，才能使自己感受到安全。

可以轉換成以下的正面信念：

1. 我允許自己不完美，但仍愛我自己。
2. 我接受自己全部的樣子。
3. 我隨時都可以感到安全，不需要透過貶低自己。

★智慧提問句：

以下列出幾個值得反思的問題，雖然在字義上的理解都是負面的，看起來也毫無邏輯，真的會有幫助嗎？潛意識的運作就是如此，其中一定蘊含著某個正面原因，我們才會願意配合演出，並使這樣的信念和情緒跟隨我們。所以思考一下，究竟是什麼呢？

1. 為了追求完美而一直批判自己，對自己有什麼幫助？
2. 帶著這個批判，獲得了哪些正面的好處？
3. 帶著擔心和焦慮生活，會幫助自己獲得什麼？

★

日常練習

1 | 大聲朗讀釋放批判、接受自己祈禱文。

2 | 每天對自己說一次：「我愛自己，我認可自己。」

3 | 我總是在不知不覺中，產生自我貶低的想法嗎？像是面對老闆交付的任務，第一時間都覺得辦不到、遇到的客戶都很難搞定…等狀況。當我覺察到有貶低自己的行爲時，試著敘述當下會有什麼樣的能量？我知道如何轉換掉這些低頻能量嗎？試著詢問自己內心，並將最眞實的反應記錄下來。

己表達自己的感覺。

我接受我自己，我不再拿自己和別人比較。

我不再處處防禦，我不再封閉自己。

我不再那麼脆弱、容易受傷，我不再那麼愛面子、顧形象，我不再那麼在乎別人怎麼看我。

我了解生命的過程都是在學習。

我釋放對自己的批判，同時也釋放對別人的期待、控制或攻擊。

我釋放阻礙我人際關係的所有局限。

我釋放我對於溝通和表達的恐懼。

我釋放因為無法表達真實的自己，而在身體上形成的壓抑和緊繃。

我信任生命中所有的過程對我都是必要，而且對我的靈性進展是有幫助的。

★

釋放批判、接受自己祈禱文

我努力在工作上做到最好，但我不要求十全十美。

我接受不夠完美的自己。

我不必事事要求完美。

我不需要做出讓別人喜歡的樣子。

我不再把能量浪費在別人會怎麼看我上，我做我自己，我接受我真實的樣子。

我接受我的每一個感覺，不管是好是壞，我開始學著愛自己！

我不再批判自己做得好不好，我不再處處與人比較，我不再活得那麼辛苦，我做真實的自己！

我釋放對自己創造力的懷疑和局限。

從現在開始，我可以展現了不起的創造力、行動力和實現力！

我忠於我的感覺，不再壓抑掩飾，不再自我欺騙。

真正的愛，是能夠允許別人表達他的感覺，也允許自

3 寬恕獲得力量

如果沒有覺察到對自己的批判和自責，潛意識裡長期依靠批判自己向前，可能會造成一些反效果。

路易斯安那州立大學曾進行了一項心理學研究。實驗人員邀請了84位重視身材、平時不敢吃甜點的女性。她們被分成兩組，一組被要求吃甜甜圈，並且必須在4分鐘內吃完，最後喝一杯水；而第二組的任務也一樣，但在吃甜甜圈之前會收到一個暗示：「有時候，實驗對象吃了甜甜圈後會感到自責，但是妳不應該過度責怪自己。記得，每個人都有放縱的時候。」

吃完甜甜圈之後，實驗人員會再拿出一堆美味的糖果，然後讓她們想吃多少就吃多少。出乎意料的是，第二組的人只吃了28克的糖果，而第一組的人竟然吃了70克，足足多了2.5倍！原來，當一個人陷入內疚時，不但不會產生額外動力做得更好，反而會因為太過痛苦而犯下更多錯誤。

第二組的人雖然也做了一件她們眼中的「錯事」，但因為她們沒有過度自責，所以能夠理性看待問題：「我剛剛已經吃了好吃的甜甜圈，小小放縱就好，沒必要再吃糖果。」

但第一組的人因為內心感到非常內疚，想著反正都已經破戒了，乾脆自暴自棄吧！由此可見，過度自責不但無法解決問題，反而會使我們越陷越深。

別被心中的內疚感綁架——何時產生內疚與自責

新興腦神經科學家認為，父母對嬰兒的大腦影響甚巨。根據英國劍橋大學Baby-LINC實驗室進行的一項研究發現，當大人和嬰兒望著彼此的眼睛時，腦波會同步，透過這樣的過程建立起彼此的默契，而這也是嬰兒擁有社會化能力的第一步。

因此，我們從小就依賴向父母學習如何面對壓力、發展人際之間的關係、如何在這個星球上生存，跟父母一起產生能量共振。而長大的整個過程中，不只有心智在學習，身體也在同步學習。

如果人們在幼兒時期沒有學會如何擁有安全感、如何調節自己的情緒、何時該啟動戰鬥或逃走模式，身體神經系統進行掃描時，便會覺得周圍充斥著威脅，所以生理上所有的功能都專注於管理壓力，此時，幼兒時期的大腦就會陷入惡性循環，不斷接收到各種不同的壓力。

嬰兒的腦波多數時候都處於德爾塔波裡，而大人只有在熟睡時才會進入德爾塔波。大腦在德爾塔波時會進入學習模式，因此新生兒的大腦就像海棉一樣，會大量吸收各種知識。

前面也曾提到，大腦在2～4歲時進入下一個發展階段，也就是所謂的希塔波，大人被催眠時也會進入希塔波。在這個狀態下，孩童內心深處連結著想像力，但仍無法區分和理解自己與他人間的差異，而這個階段的發展重點，是以自我為中心。

因此，當孩童無法理解家人和其他人的感覺和觀點時，容易與自己的感覺混淆，甚至在感受到他人負面情緒時，誤以為是自己的感受。**如果孩童的身體、情感和心靈需求長期未被滿足，就會認爲自己該對被冷落的情況負責，並創造出錯誤的信念，例如：「沒有幫我，是因爲我不乖」。**

如果我們和父母相處時，經歷了不愉快的情緒體驗，就會從自我中心開始發展這類想法。例如，父親的工作壓力很大，回家後和孩子說話時吼了一下，孩子無法理解原因，便會認為是自己造成的，因此產生內疚的感覺。

接下來，成長到7歲時，腦波進入了貝塔波，開始出現邏輯性、批判性和互動性的思維。此時，我們已經在潛意識中累積了許多核心信念，並在長大後持續影響著日常生活。

如果你是家中的老大，從小可能會經常聽到父母說：「要幫忙照顧弟弟或妹妹喔！」一直聽到這樣的話語，就會發展出核心信念：「我要照顧別人，才能被愛。」隨著逐漸長大，可能會在關心自己的狀態，或是意識到自己有某些需求時，不自覺產生「我很自私」的想法，進而批判自己「我不應該這麼自私」、「我應該要成為一個體貼、會照顧別人的人」。

在更加理解大腦和潛意識的運作規則後，就會知道創造出什麼樣的信念而塑造了現在的我們，可以練習改變想法，擺脫這些反覆出現的困境。

你是哪一種內在小孩？——內在小孩的類型

內在小孩的傷，就是童年時期一直未被滿足的情感、心靈需求、安全感、自尊心和愛。這些不受重視的情感議題，會透過潛意識持續影響現在的自己。

所謂的「內在小孩」，其實就是受創的心靈，許多人在受到威脅或難過時，都會表現得像孩子一樣，彷彿被困在孩童時期的困境當中，走不出來。美國知名的心理學家妮可．勒佩拉（Nicole LePera），提出七種不同類型的內在小孩，幫助我們辨別內在小孩的各種情緒反應。

1. 照顧者：相信要接收到愛，就必須迎合他人、以他人需求為優先，總是將自己的需求放在最後。
2. 高成就者：相信要接收到愛，就必須要有成就，利用外在認同來面對低自我價值感。
3. 低成就者：相信要接收到愛，就必須隱藏真實的自己。因為害怕遭到批評，覺得失敗是很丟臉的事，習慣讓自己在人群中保持低調，不傾向受人注目。

4. 保衛救援隊：相信要接收到愛，就必須幫助別人。容易覺得別人很無助，需要他挺身而出，協助解決問題。

5. 聚會核心人物：相信要接收到愛，就必須讓身邊的人都快樂。因此，會覺得自己不該展現出脆弱的一面。

6. 濫好人：相信要接收到愛，就必須大愛且無私。因此，會放下自己的需求，只為他人服務。

7. 崇拜英雄的人：相信要接收到愛，就必須拒絕自己的需求。習慣模仿成功人士的方式過生活，人生中需要各類大師們的指引。

這些內在小孩都有幾個共通點：都需要被看見、被愛、被聽見。**與內在小孩一起療癒童年的傷痛，對於改善自己的眞實情緒與人際關係有很大的幫助，即使感到煩惱、不安、不快樂時，也較不易陷入自我懷疑。**

接納與原諒的力量無限——該如何療癒內在小孩？

第一步，「接受」心中仍有內在小孩的存在。

在現實生活中，人們每天的生活過程都與自己的內在小孩連結在一起，所有的想法、感受、行為模式等，早已密不可分。一個真正接納自我的人，他會「接受」自己產生的真實感受，不論是好的還是壞的。這些經年累月塑造而成的特質，也是自己的一部分。

第二步，「原諒自己」。

當看見內在小孩受傷時，有些人總是先感到懊悔，不知道該如何面對自己。不妨試著原諒自己，寬恕會使從前被禁錮的力量得到釋放，並讓我們與「內在小孩」的關係更緊密且和諧。只要原諒自己，就能夠輕輕放下過去的包袱，再持續往前走。希塔療癒裡談到「寬恕」這個美德，是可以轉換一切的美德。只要我們不斷、不斷的原諒自己、原諒他人，內心就能真正感受到原諒。

第三步，「傾聽」內在小孩。

帶著好奇心去觀察自己。當我的穿著被媽媽批評時，你的內在小孩說了什麼？當你被別人發脾氣攻擊時，內在小孩想表達什麼？試著重視內在小孩想說的話，重視內在小孩當下的感受。不需要有答案，耐心聆聽他的問題即可。越擅長傾聽，就越能活在當下。越充滿覺知，就越能區分內在小孩和高我的反應，也越能在生活中做出智慧的選擇。

＊＊＊

★有哪些限制性信念？

讀完本篇，你可能會發現原來自己有這些限制性信念。

1. 我總是容易感到自責。

2. 我要照顧別人才能被愛。
3. 我透過批判自己來成長。

可以轉換成以下的正面信念：

1. 我一直都被深深愛著，無需照顧或討好別人。
2. 我被夢想和高我激勵著往前進。
3. 我原諒自己和曾經傷害我的人。

★原諒練習：

生活中，我們不僅會因為他人的某些行為或過錯而感到怨恨，也經常怨恨自己，為自己的某些行為而感到自責、悔恨和羞愧。事實上，對自我的怨恨會給心靈帶來更大的痛苦與傷害，甚至有可能導致抑鬱的狀況出現。所以，若想讓自己更加快樂，不僅要學會原諒他人，更應懂得如何原諒自己。

希塔療癒裡有個「原諒練習[5]」，透過冥想與宇宙源頭造物主連結，在希塔波下進行這個練習，幫助我們原諒並放下過去，勇敢向前走、創造快樂且充實的人生。懂得原諒，可以自由地讓人生變成想要的模樣，因為你擁有選擇權與主導一切的能力。

5 參考《希塔療癒——你與造物主：加深你與造物能量的連結》Theta Healing® You and the Creator: Deepen Your Connection with the Energy of Creation P.156.

★

日常練習

原諒練習

1 與內在小孩對話，觀察理解內在小孩的聲音。

2 列下「原諒練習」的名單，將過去曾經傷害過或傷害過你的名字寫下，每天練習原諒一個人或原諒自己。

練習步驟： 冥想與造物主連結（請參考基礎冥想音頻 P.88）。

STEP 1

來到造物主空間後，在心中默念：「一切萬有的造物主，我下指令／我請求您，我原諒（對方的名字），謝謝您，完成了、完成了。」

↓

STEP 2

想像你在純潔的白光中，這個傷害你的人站在你面前，兩人被一個無限∞的光芒包圍環繞著。

STEP 7

如果在想像中，這個人站在你面前不發一語，也沒有消失，表示你在他的身上仍有未完成的課題需要學習，必須進行潛意識的挖掘信念工作。

STEP 8

完成之後，在白光中用能量將自己沖洗乾淨。

原諒，具有最強大的保護力，當我們對別人說「我原諒你」或對自己說「我原諒自己」時，就不會再接收到別人的負能量攻擊，也會幫助你成爲更好的自己。

STEP 3

想像跟這個人述說他是如何傷害你，以及他對你做過什麼。如果要原諒的對象是自己，便想像你曾經做過什麼傷害自己的事。

STEP 4

想像你跟對方或自己說：「我原諒你對我做了什麼事。」說完之後，觀察他的反應。

STEP 5

如果在想像中，這個人或自己站在面前向你道歉，代表他可能對他做過的事感到後悔，他們或自己也對你感到抱歉。

STEP 6

如果在想像中，這個人或自己化成灰燼消失不見，代表他們沒有後悔，但他們仍會從你身邊帶走負面想法，這些負能量不再影響你，你也受到保護。

日常練習

內在力量從何而來－以行動療癒自己－行動檢視自己的信念－

4 療癒自己，由內而外的蛻變

他人的評價不算什麼——內在力量從何而來

每個人的內在都具有強大的力量，都有與生俱來的神性、愛、智慧、慈悲和力量。而內在力量又是什麼？就是在生命中遇到考驗時，能夠坦然與自己的負面情緒相處，能夠時刻覺察自己，回到自我中心的一種力量。

當靈魂選擇來到地球上時，有時會因為潛意識的信念系統遭遇到一些困難和挑戰，但內在力量強大的人，則不必經歷這些辛苦的時刻。**只要內在力量變得越來越強韌，無論外界說了什麼，都不會阻礙你聽聆聽自己內在真實的聲音，更不會在意他人對自己的評價，而是對自我了解得更加透澈及賦予正面的肯定。**

那麼，該如何培養內在力量而不受苦呢？當感覺自己在受苦時，欣然接受吧！接納逆境的不順，內在力量就會一點一滴的被培養出來，就像人體鍛鍊肌肉一樣，需要一段時間慢慢建立。每個人的內在，都有足夠的能耐去面對生命中所發生的每一件事。內在力量不外求，它早已存在於我們的心中，只是從小沒有人教導我們該如何使用這些力量。

不需要批判自己，生命中的一切都是體驗。經歷失去，就能體驗到失去的是什麼，而後才能了解其中的意義；經歷歡喜，就能發自內心的感動，並將感動昇華為愛。

沒有人能傷害你，除非你同意；沒有人能替你決定，除非你同意；沒有人

能左右你的愛和選擇，除非你同意。

力量源自於「獨立」。獨立象徵著不再把任何關於自己的決定權交予他人，表示你正掌握著自己的一切力量。力量是愛和開放。當你不再依賴外在，回歸於內心的獨立、連結內在真實的自己，自然會接收到造物主神聖的力量。

我們會開悟和知曉，最高的力量源自於合一，源自於心中的愛，而非恐懼。學習真正打開自己的心面對他人、面對這個世界，因為你已知曉，你就是愛；你知道無所畏懼的感覺，知道沒有什麼能夠真正傷害你。

當你尋回自己的力量時，便能具備開放的心胸和包容力。包容和接納過去曾經難以接受的觀點或現象，因為對你而言，它們已不再具有影響力。真正的力量不是對抗，而是愛，是敞開心懷的接納和包容——也是宇宙合一的力量。

憶起自己的心，憶起心中那顆神聖閃耀的鑽石——你神性的本質。憶起自己就是愛，憶起自己就是獨立而自由的靈魂。

先改變信念，宇宙便會支持你行動——以行動療癒自己

一切的行為，都是為了療癒你而存在。擁有內在力量後，透過實際行動，便能加快療癒自己的速度。當你開始行動，就會產生覺察，各種不同的觀點也會更加清晰，也因此能真正放下執著。

在行動的過程中，真正的信念就會顯露出來，當你覺察到信念後，才有機會進行調整與轉換，讓未來不再透過相同的問題重蹈覆轍。我們可以選擇以積極的意念行動，去調整內心信念，直到我們真真切切的相信：「我是富足的、我是足夠的、我有價值、我充滿愛」等正面信念。

我也曾經歷過揹了一身債的黑暗時期，體驗過怎麼賺都賺不到錢的低潮。心中難免會產生懷疑，懷疑我真的富足嗎？我本身真的足夠嗎？究竟什麼時候才能擺脫月光族的生活呢？當人處在懷疑和不相信的心態時，在行動上一定會展現出來。因為你會開始煩惱金錢，想方設法去賺錢，行動上會用盡全力、

拚了老命的賺錢，最後創造出疲累的自己。

還記得大學剛畢業時，我為了能早日還清助學貸款，白天在媒體上班，休假時也接了雜誌社的採訪編輯工作。持續在高壓之下工作，幾乎沒有休息，大約一年之後身體開始出現各種病痛，重點是金錢收入完全沒有得到改善，依舊是月光族。我不禁在想，究竟是哪裡出了問題，明明收入增加了，支出減少了，為什麼存款卻不會增加？

二十五歲那年，我去學習了教練

技術課程，算是走入身心靈領域的第一個階段。當時，來自香港的講師在白板上寫著：**「信念影響行動、行動影響結果」。想改變結果，第一步不是改變行動，而是改變信念。**這是我第一次深深體會到，原來潛意識的信念是如此重要。

課程陸陸續續上了一年，這一年間透過教練的引導，設定目標、採取行動、檢視自己的信念，再繼續行動，進而得到不同的結果。這個訓練對於當時才二十五、二十六歲的我，有很大的啟發，改變我許多看待事情的觀點。開始反思自己對於金錢的信念。例如：「我沒有自信能創造更大的財富、我必須努力工作才對得起自己、我要付出比別人更多才值得擁有」等想法。

還記得在課程中，每次行動結束都要打電話給教練，向他總結我在這個行動中學習到什麼。教練都會這麼問：「在這個過程中，與自己有關的事情是什麼？」協助我看見自己的信念系統。老實說，當時覺得很煩，明明是別人的問題，為什麼最後都與我有關？過了一陣子才明白，原來要跳脫受害者心態，學習換位思考，用理性的心態去釐清事件的癥結點，才能不再重複相同的問題。

勇敢行動勝過空想——行動檢視自己的信念

直到我學習完希塔療癒後，有了更深刻的領悟，這個世界是由人們的內在所創造出來的，所有事件的發生，都是為了幫助人們學習。如果大家可以用理性的角度來看，一切問題皆由「我」而起，即使是他人做了某些事惹怒我，但也是由我創造出生氣的他，這是我必須學習的新功課。

因此，你透過什麼行動，創造了什麼結果呢？

每天都很努力工作賺錢的你，有創造出自己想要的生活和金錢嗎？

如果沒有，請停下來看一看，是什麼信念阻礙你賺取金錢？

如果心中總是帶著擔憂、恐懼的感覺，覺得自己好像「應該」要做點什麼，不然錢會不夠或是會消失，**只要與「擔心」的能量一起行動，必定會吸引更多的擔心、害怕出現，使自己在無形中完成更多害怕的事。**

若我們什麼都不做，只是空想，便無法覺察到內心還有哪些問題要清理。沒有行動，就相當於你沒有去照鏡子。例如，當臉上沾了幾顆飯粒，自己不知道，依舊做原來的自己；當你照了鏡子，看到臉上有顆飯粒，才有機會將它取下來，並修正它。行動，就像是在照鏡子。

害怕行動不如自己的意，或是害怕犯錯、怕結果不如預期，這些想法對正於修正與調整信念系統沒有任何幫助。放開心胸盡量去做，開開心心的採取行動，別批判它，這正是反思內心的相信程度到底有多少的最佳標準。

想賺錢就去賺，想見某個人就去見，想談戀愛就去談，想運動就去運動，想睡覺就去睡覺。生活中的每一個行動，都能幫助你看清楚自己的信念系統。內外皆為一體，心靈、意識和你的行為、行動是無法切割開來的。

回歸自己的心，重新融入宇宙源頭合一的愛，會憶起自己如何藉由愛的意志使用這股力量。你會憶起自己即是創造一切的力量，內在力量展現在行動上，將看見整個宇宙都在行動上協助你，幫助你創造想要的人生。

＊＊＊

★ 有哪些限制性信念？

讀完本篇，你可能會發現原來自己有這些限制性信念。

1. 吃得苦中苦，方為人上人。
2. 我必須努力、拚命工作才對得起自己。
3. 對於未來總是充滿擔心與迷惘。

可以轉換成以下的正面信念：

1. 不需要受苦也可以獲得成功。
2. 我可以用最棒、最理想、最輕鬆的方式工作。
3. 我相信一切都會有最好的安排。

★練習透過行動檢視自己的信念：

STEP 1 設定目標

①收入：月收入增加多少？
②關係：如何增進伴侶關係？或是擁有靈魂伴侶。
③健康：運動次數、完美體重、體脂數字下降。
④興趣：培養什麼興趣。
⑤其他。

STEP2 **採取行動**

針對每一個目標採取具體的行動。

STEP3 **觀察行動中自己的情緒或信念**

例如：設定每個月增加台幣一萬元的收入。透過副業來增加額外收入，但在做副業時自己會產生什麼情緒或信念？可能是害怕被公司發現、害怕自己失敗、害怕選擇了錯誤的副業等。

STEP4 **回想第一次創造限制性信念的過程**

例如：可能是小時候跟父母說想做什麼事時，卻遭到家人反對，沒有得到支持。因此，發展出「我做什麼都不會有人支持我」的信念。

STEP5 **轉換信念**

將覺察到的信念，轉換成正面句子。例如：我總是可以得到支持。

日常練習

轉換限制性信念

1 寫下你在設定目標、採取行動之後，發現自己哪些限制性信念。

2 列下你最常出現的限制性信念，用什麼語句轉換掉。

5 信任自己的內在力量

過去如何創造現在—看見美好的自己—提升內在力量的方法—提升內在力量的小習慣—日常練習

別再害怕自己不一樣——過去如何創造現在

從小我們就被社會教育：「好好讀書，長大後找份好工作，然後結婚、買房、買車，安安穩穩的過日子」，在這樣的集體意識灌輸下，難免會忘記思考：「我想做的事是什麼？我喜歡什麼樣的生活？適合跟什麼樣的人在一起？」

一旦沒有按照這樣的集體意識生活時，便會被貼上「叛逆」的標籤。有時也會因為太過在意他人的眼光，讓自己「假裝融入」群體，過著一般人的生活。潛意識會產生「害怕與別人不一樣」的信念，而這種恐懼的感覺，則來自於遺傳的細胞記憶。

人們的潛意識中，除了原生家庭創造的經歷外，還有一部分是來自於祖先遺傳的信念和情緒。美國埃默里醫藥大學（Emory University School of Medicine）的研究團隊曾做過一項實驗，在實驗中，研究人員訓練受試老鼠去避開某些味道，結果發現，老鼠們會把對於某種味道的「厭惡反應」，傳到牠們的「子孫世代」上。

專家從動物實驗中找到跡象證實，人類的行為會因為前一個世代所發生的事件有所改變，根據學者們的研究發現，父母的經驗就算是在懷孕之前發生的，仍會對下一個世代的神經系統結構和功能造成影響。

而這項研究提供了「表觀遺傳學」（Epigenetic）中關於「跨世代遺傳」的例證，換句話說，人們因為環境、記憶、情緒影響到基因，這些基因也會流傳在世代中。

早期祖先們為了求生存以及生命安全，會將注意力放在可能會造成危險的事情上，就像自律神經系統的「戰鬥或逃跑反應」。因此，發展出的信念是為了安全必須融入群體裡，如果太突兀或太顯眼就會惹來殺身之禍。於是我們將這樣的記憶存放在DNA裡，進入潛意識中，大腦就自動開啟了這樣的生存模式。

「害怕與眾不同、害怕別人的眼光、覺得自己很特別就會遇到危險」這類的信念在潛意識中，會限制自己活出原始的樣貌，阻止你成為真正的自己。也因為被這樣的信念困住，久而久之，便覺得好像也只能這樣了，生活中不再想著如何創新，認為「平凡就好」（這也是來自祖先遺傳的信念）；或是當你想要改變、創造不一樣的生活時，就會受到阻礙，大家會告訴你這樣做太危險，家人也會建議不要隨便改變，太危險了。

仔細觀察，會發現生活中充斥著各種關於「危險」的句子：「你這樣隨便離職很危險耶、你這個年紀還沒有結婚對象很危險耶、你沒有照主管的意思做會很危險耶……等。」不斷被恐懼的情緒投射，當然會發展出更多求生存的意識。在做很多事時，第一個念頭就是想著「怎樣才能安全」，越是以「擔心」為出發點思考，就會越想越害怕，越不敢採取行動。

靈魂來到地球上的任務，是渴望學習、渴望成長，當意識與靈魂的想法產生衝突時，內在便開始失去平衡，空虛感和不安感將不斷地吞噬著我們的心，逐漸喪失內在的力量。

內在力量不足的人常常會焦慮不安，必須從外界尋求安全感；內在力量充足的人，會對自己充滿自信，並持續的驅動自我往前進。

我相信自己一定可以辦到！——看見美好的自己

我也曾深陷於「我不行」的漩渦裡，辛苦掙扎過一段時間。過去在報社工作時，除了擔任電影線記者的採訪工作，還要跟同事輪流看國外的娛樂新聞，再翻譯成中文。當時的我對自己的英文能力缺乏自信，而另外兩位同事都是從美國唸書回來，理所當然覺得自己無法與他們相比。

即使我已是英文本科系畢業，但仍帶著「自卑」的心態工作，很害怕自己將英文語意翻錯，更害怕去美國採訪時不知如何訪問好萊塢明星。為了做好工作，我甚至在休假時補習英文，請外國老師進行一對一會話，每天花很多時間在研究國外的娛樂新聞。即便如此，依然覺得自己無法勝任這份工作。因為壓力不停的累積，我對工作的恐懼漸漸大於熱情。每次要飛往美國出差採訪時，都會頭痛欲裂，即使吃止痛藥也無法改善。

某次和朋友聊天時提到自己的壓力和困境，她問了我一句：「妳認為自己的能力不夠？還是真的能力不足？」

反思了一下，發現並不是我的能力有問題，而是自我評價出了問題。換句話說，**不是我不行，是我「覺得」我不行。**

於是，我靜下心來，進行一輪全新的自我評價。「選擇」以快樂、輕鬆的心情去工作，發現自己並不如想像中的那麼差。相反的，我擁有學習力、親和力、專注力和執行力。在看見自己的優點之後，心態也悄悄產生了變化。

以前總是一遍遍提醒自己「我比別人差、我好弱、我做不好」，開始鼓勵自己「我一定有辦法」後，之前的恐懼消失了，取而代之的是可以迎難而上的自信。

失去內在力量，是因爲看不見自己的美好。如果我們一直向外尋求，將全部的注意力都放在外在的世界，卻從未關注過自己的內在，也不願看見真實的自己，那麼，內外遲早會面臨失衡。就像當時我眼中只看見自己不足的地方，滿腦子想著如何再精進能力，卻忽略了向內探索的重要，忘記從心裡看見自己擁有的美好特質，一味的藉由「做更多」來讓自己更好，實際上只是讓壓力越堆越高。

很多時候，能夠充分地肯定自我就已事半功倍。世界上沒有誰一無是處，你認為的缺點，未必是真的。每個人都有自己深信的真相，現在看到自己的短處也未必是真相。也許你不善言談，但你善於傾聽；或許你性格內向，但你思考深入；也許你不夠多才多藝，但你的專業過人。

每個人都是世界上獨一無二的風景，你也不例外。看見自己的好，才會越變越好。下次遇到困難時，記得告訴自己：「我可以。」「沒問題。」「小事一樁。」昂首向前，就沒有翻不過去的山。**學會欣賞自己，這個世界才會欣賞你；與其等待被他人認可，不如先學會自我欣賞。**欣賞自己的小小優點，就會變得越來越優雅，如夜來香一樣，不貪圖他人的讚美，只為自己而盛開，取悅自己。

★提升內在力量的方法：

STEP1 **自我察覺**

在日常生活中多感受自己，感覺那些不舒服和想要改變的問題是什麼。透過寫情緒日記、感謝清單、睡前冥想或與療癒師、諮商師對談等方式，給自己一點安靜獨處的時間，正式地面對內在感受和情緒，仔細觀察自己。

STEP2 **思考和反思**

將自己的感受記錄下來後，接著就是尋找這些感受背後的真實成因。回想到底那些不舒服的感受源自於何處，真正的癥結點是什麼。

例如，發現自己容易被他人的話刺傷↓發現自己容易被某類話刺傷↓發現自己容易被他人談及金錢話題時刺傷↓發現自己也害怕談論金錢↓發現自己目前的財務狀況不夠好↓發現使用金錢的方式好像受到家人影響↓發現家人對於金錢有很多不好的看法↓改變自己的金錢信念↓重新調整賺錢策略↓不再輕易被這類話刺傷。

STEP3 **解決**

在思考與反思的過程中，透過蒐集各種資料等自主學習的方式，找出自己的真實問題，並為真實問題提供幾個能力所及的解決方案。

STEP4 **行動**

經過以上三個步驟後，將面對問題的解決方案實際付諸行動！

★提升內在力量的小習慣

①多多外出。離開每日重複的路線，往視野更加開闊的地方前進，開闊的環境更能使心境不受限制。擁抱大自然，多接觸植物、動物、陽光，美好環境下的風吹樹動，都能讓你感受到體內的生命力在增長。

②整理家務。把自己經常活動的地方打掃乾淨，捨棄不需要的物品，讓自己感受到正待在舒適又自在的環境中。

③晨間隨筆記錄。下筆的瞬間，彷彿情緒也一同留在紙上。不一定要寫下完整的篇幅、順暢的邏輯或是多麼重要的事情，即使是零碎的字句、流水帳都值得記錄下來，跟隨你的內心，自由書寫。

④抄寫詩句文章。抄寫文字需要具備一定的注意力和耐心，能幫助人們有效提高注意力，當你漫無目的地滑手機而感到空虛無趣時，不如提起筆抄寫一篇短文，靜心養神。

⑤宣洩情緒。當生活中產生壓力和挫折時，一味的抑制負面情緒不僅難以達到解決問題的效果，甚至可能引起心理障礙和健康問題。宣洩情緒有助於減少情緒能量的累積，令人感覺既舒緩又放鬆，使心理能量得到最佳平衡與恢復。

⑥做好計劃。為自己的生活做好規劃，能夠提升對生活的掌控感，進而體會到從容與充實的積極感受。內在力量正是由日常中的點點滴滴，以正向反饋的方式慢慢建立而成。

⑦讚美與感恩。遇到生活中他人帶來的美好時，不吝於給予真誠的讚美之辭；獲得來自他人的幫助時，心中更要保持感恩。做一個主動的積極情緒構建者，正向傳達自己的真情實感，發掘生活中幸運的大小事，享受各種細微的美好。

冥想引導音頻

很開心你已閱讀完畢第一章，對自己有更深一層的認識。

邀請大家找一個安靜的地方，閉上雙眼，打開音頻，引導你和宇宙的源頭進行連結，帶大家練習下載各種美好的信念。

基礎冥想音頻

冥想引導音頻

★

日常練習

記錄美好特質

1 寫下關於自己的100個美好特質。例如：正直、善良、勇敢、真誠、有同情心的、樂觀的、有創意的……等。

2 每天選一個「提升內在力量的小習慣」實行，感受能量正逐漸累積與壯大中。

CHAPTER

2

接受自己的美好特質

Accept all parts of myself

6 正面肯定自己

如何自我肯定｜低自尊和高自尊｜有哪些限制性的信念｜改變你的口頭禪｜日常練習

愛自己的第一步——如何自我肯定？

「自我肯定」是指我們對自己的積極評價和接納。它是發自內心深處的聲音，告訴我們是有價值的、我們是被愛的、我們是能夠實現目標的。「自我肯定」，是讓人們心理維持健康的重要關鍵。

當我們對自己富有積極的評價時，會使你更容易保持樂觀和積極的心態，並且讓你以最強韌的心態去應對壓力和挑戰，輕輕鬆鬆實現各種目標。自我肯定還能促使我們建立更好的人際關係，當一個人對自己抱持著積極評價時，將更有可能對他人也產生正面感受。

而所謂的建立自我肯定感，指的是「喜歡自己」，並對現在的自己感到非常滿意。現實生活中，由於生存競爭激烈，有許多人正飽受抑鬱、悲觀、自卑等消極情緒的困擾，其根源就在於自我肯定感低落。如果能提升自我肯定感，許多心理層面的問題都能迎刃而解。

而提升自我肯定感的方法又有哪些呢？最直接且快速的，便是重新設定大腦潛意識。**透過希塔波找到潛意識裡對自我肯定的阻礙，再藉由宇宙源頭的能量將阻礙轉換掉，讓全新的能量和感覺進入全身細胞，就能形成積極模式，進而徹底改善消極思維。**

自我肯定的阻礙是從何而來？前面的章節有提到，潛意識是由四個不同的信念層所創造出來，包括原生家庭的核心信念、祖先的DNA遺傳、前世記憶以及靈魂累世的創痛等，各種複雜的信念形塑出現在的自己。

至於自我肯定的阻礙，有絕大部分是來自原生家庭的因素。孩童時期的腦波正處於希塔腦波的狀態，此時又是孩子學習力最強、可塑性最高的時候，他們會快速吸收父母大部分的言行。**若父母從此時就給予孩子充分的尊重，將替孩子培養完整的自尊意識，讓孩子得到尊重、學會尊重。懂得自我尊重的人，知道該如何自我肯定。**

不同自尊的性格特點——低自尊和高自尊

自尊（self-esteem），是個人心理狀態的基礎之一，它的定義是人對自我價值的主觀評價，包括對自己的正面和負面看法，以及對這些看法的感受和情緒反應，例如，絕望、喜悅、驕傲和難過等。而對於自己屬於「高自尊」還是

「低自尊」人格，相信有不少人可能還沒有明確的覺知，接下來，就要教大家如何辨別自己比較傾向哪一種人格狀態。

「高自尊」者會有以下幾種明顯特質：

1. 自我感覺良好，對自己的評價大多是正面的。
2. 被注視時，可以表現得很好，並不在乎別人的反應。
3. 和比自己優秀的人相處，他們會覺得舒服自在。
4. 可以為自己挺身而出，對抗別人的負面評論。
5. 生活會快樂很多，較不容易被一般的負面環境和情緒影響所打擊。

而「低自尊」者的特質如下：

1. 最顯著的特徵，就是覺得自己什麼都不是，更容易對自我的表現持有負面評價。
2. 認為自己總是會被別人拒絕。對別人的情緒波動特別敏感，只要感受到一點變化，腦海中便馬上飛速回放與分析，是不是因為自己哪些「不當」的舉動而造成的。

3. 不懂得拒絕，因此常態性的損害自己的利益和感受。

4. 被注視時會表現得不好，對別人的負面反應十分敏感。過度在意別人的眼光、容易迎合別人。

5. 得到誇獎時會感到不自在，習慣主動吐露自己的缺點來回應對方。

6. 和他們認為優秀的人相處，會感受到威脅。

7. 難以抵抗他人的負面評價，容易受到影響，經常忙著自我責備、自我懷疑。

8. 無法坦然接受自己生而為人的尊嚴，需要借助外力的肯定。例如：才華、金錢、容貌、性格、愛好、他人的愛等加持，才能獲得尊嚴。

自尊感高的人，往往生活得更輕鬆愜意、更容易產生幸福感；自尊感低的人，則生活得「很累」，對許多事情缺乏動力。而高自尊和低自尊的人，面對事情時又會產生哪些不同的反應呢？

★ **面對失敗批評時的反應：**

低自尊者：我的生活九十九%都是失敗的。

低自尊者說：「我對別人的批評特別敏感，只要有人當著我的面竊竊私語，我都會擔心他們是不是在談論我。」

高自尊者：我不可能完美。因此，對任何事只需要盡力就好。

高自尊者說：「當我做得不好時，我會自己找到結論。如果有人特意跑來批評我，那才奇怪，我的失敗跟他有什麼關係，我能管理好自己。」

★ **面對成功讚美時的反應：**

低自尊者：拒絕接受讚美和稱讚。

低自尊者說：「也許我僥倖的成功了一次，但我付出多少努力呢？大部分還是運氣吧！很怕大家知道我的真正實力，這樣所有人就會知道我不配。」

高自尊者：對別人的讚美表示感謝。

高自尊者說：「成功了一次很好，這是再自然不過的事。一直以來，我都知道自己能做到，這次的成功，不過是再次印證了這點。」

★面對外界評價時的反應：

低自尊者：被人誤解、批評怎麼辦？

低自尊者說：「我是誰？我不知道。我常常依照別人給的評價來判斷自己。但是別人的評價時高時低，於是我的心也跟著七上八下，不得安寧。」

高自尊者：如果我沒有防礙到別人，活得開心最重要，不管別人怎麼看我！

高自尊者說：「我對自己有清楚的認識，我關注自己積極的一面。別人給的評價，聽聽就好，不論對錯，都一笑置之。」

★ **面對選擇時的反應：**

低自尊者：不斷詢問身邊每個人的意見，我就是無法做決定。

低自尊者說：「我遇事總是猶豫不決，該做的事遲遲不做，老闆要我打電話給客戶，我卻一會兒擔心對方出差，一會兒擔心對方在忙。最後拖到下班時間，以客戶應該下班了為由，沒有打出這通電話。」

高自尊者：為自己做決定，並為自己的決定負責。

高自尊者說：「之前很想減肥，朋友卻說節食對身體不好，跑步又傷膝蓋，都不願和我一起運動。我花了很長時間訂好減肥計劃，現在已經成功瘦身，而朋友們仍然瘦不下來。」

★ **對待生活的態度：**

低自尊者：覺得每件事都不對。

低自尊的人對生活的態度往往是消極的，他們經常覺得自己是失敗的例子。除非完美，否則一無是處。

高自尊者：願意去看這個世界上美好的那一面，並對它產生正向回饋。高自尊的人能夠接納自己的不完美，不會對自己提出過高要求或苛責自己。與此同時，他們也會不斷提升自己，即「我很好，但我可以更好」。

★面對自己的形象時：

低自尊者：希望每個人都可以喜歡我。

低自尊者往往對自己的形象缺少信心，因此，他們會為了讓自己看起來更年輕、更好看或身材更好，而做出很多努力。愛美之心人皆有之，適度努力就好。

高自尊者：希望每個人都可以喜歡我，但我更在乎自己想要什麼。

高自尊者則更能夠接納自己的形象，美不是必然，合適才是王道。

綜合以上說明，在面對自我和外界、成功和失敗時，**心懷一份恰到好處的自尊，可以讓我們更從容、更自在，更有能力地去享受成功的快樂與面對失敗的原因。**

＊＊＊

如果你心中有類似低自尊者的想法，就是關於自己的限制性信念：

- 我的情緒總是受到別人的評價影響。
- 我沒有別人想像中那麼好。
- 我沒有一件事是做好的。
- 我害怕被別人拒絕。
- 我在別人眼中什麼都不是。
- 我要討好別人才不會被討厭。

可以轉換成以下正面信念：

- 我能夠覺察自己的情緒，並允許情緒流動。
- 我的思想樂觀、積極向上。
- 我相信自己一定可以。
- 我能發自內心地珍惜自己，也珍惜對方。
- 我有高專注力，一旦決定，便會一心一意地完成。
- 相較於失敗的經歷，更傾向於記住成功的經歷。
- 無論是正面的還是負面的自己，都能夠給予包容與肯定。

✶ ✶ ✶

在生活中，是否會有一些類似這樣的口頭禪，現在開始試著做一些改變：

反正也做不好。

反正也沒人期待。

反正我不行。

反正我也不受人歡迎。

自我否定的語言就這樣自然地湧現了出來，心理學家稱之為「自動化思維」。當我們說「反正」一詞時，後面的語句就會變成既定事實，而這個「理所當然」的認知會在大腦裡定型，既然確定會成真，不如將句子換句話說，倒過來運用。例如：

反正也做得好。

反正也備受期待。

反正我很厲害。

反正我就是能賺到錢。

一起來試試看這個豐盛的口頭禪吧！

★

日常練習

改變口頭禪

1 找出自己時常說的負面語句，將「反正……」轉換成正面語氣。

2 試著寫下在面對每個不同課題時，高自尊和低自尊的自己是什麼樣子。例如，面對金錢時、在關係裡、自我形象塑造等課題。

7 跟身體建立良好連結

我們的身體不會說謊——身體狀況與潛意識

「你認同身體是誠實的嗎？」這是句話是我在最初分享希塔療癒課程時，一定會問學生的一句話。大部分的人都會點頭認同。身體會適時的反應出內心想法，讓我們知道是否有違背自己真實的意願。

身體總是承載著大量的訊息，它能夠幫助我們感知世界、也能帶領我們理解自己。而在日常生活中，身體的語言卻經常被忽視。身體不僅僅是我們在地球上生存的一部分，也是人們內在世界的投射，是自我與外界交流的媒介。

身體能夠率先感知到內部世界的訊息。當我們感到快樂時，身體會自然地放鬆、肌肉會鬆弛、呼吸會變得輕快；當感到悲傷時，身體則會變得僵硬、肩膀會下沉、呼吸會變得沉重。

這些身體的反應，都是內心情感的直觀展現，身體與思維之間的緊密影響。當一個人處於緊張狀態時，身體會變得僵硬，而這種身體狀態又會直接影響到大腦，讓我們變得更加緊張。相反的，**當身體處於放鬆狀態時，若透過創造愉悅的感官享受、讓自己沉浸在喜愛的事物中，能夠強化大腦前額葉，提升判斷思考與解決問題的能力，此時，更容易刺激大腦產生新的想法。**

不知道你是否有過類似的經驗：當工作很多、很焦慮的時候，容易失眠、輾轉反側；壓力很大的時候，身體會莫名的產生一些疼痛；緊張的時候，肚子會突然疼痛無比，甚至是腹瀉；當身體莫名其妙的出現了這些疼痛，去醫院就診時，醫生會說沒檢查出什麼問題。然而此時，就是身體在暗示你出現問題了。

很多時候，我們的身體感知速度比意識更快，能感受到潛意識想傳遞什麼訊息。所以現在有許多心靈療法都會推廣關於正念、冥想或內觀等方法，讓自己靜下來，活在當下，去感受與感知身體告訴自己的話。

心理學上有一個說法，是「心因性疾病」[1]。例如，有些被忙於工作的父母所忽略的孩子，會透過生病來獲取一些好處，像是生病就可以不用上學，請假在家時可以得到家人的照顧和關心。他們的身體記住了以這樣的方式獲得關注與關愛。只要感覺到被忽略，身體便會自發性地生病，以獲取家人的重視。

---

1 「轉化症」是一種罕見且特別的心理疾病，罹患此疾病的人，會突然呈現出身體某種功能上的缺失，但經過詳細檢查，在生理上卻找不出任何問題。在臨床上稱爲「功能性或心因性缺失」（Conversion Disorder）。

這樣的狀況，也許連他們自己都不曾意識到。

世界心理衛生組織指出，七〇%以上的人會以攻擊自己身體器官的方式，來消化與釋放各種情緒。**當情緒被積壓到一定程度時，若沒有及時發洩，遲早會在身體上爆發。**

一位朋友有段時間反覆感冒，一直無法痊癒，喉嚨乾癢，像有痰堵著。去醫院卻檢查不出任何毛病，醫生也只能開感冒藥給她。她整個人的能量場變得十分低落，看起來有氣無力。

她說：「我很想好起來的，但怎麼所有事情都不順利的感覺。」

我說：「一剛開始生病不舒服時，生活中有發生了什麼事嗎？」

聽到這裡，她的眼眶瞬間就充滿了淚水，忍不住哭了出來。

原來她之前換了工作，什麼都不適應，加上與男友之間的相處出現問題，心中希望男友主動關心她，但又說不出口。所有的憤怒、委屈都無處訴說，只好靠自己消化。

我以希塔療癒的方式為她**釋放了「在關係中無法表達自己、我需要壓抑自己的情緒」等負面的限制性信念**，並為她下載「表達自己是安全的，我可以用最棒、最理想的方式讓情緒流動，我知道不需要透過生病來感到被愛」等正面信念和感覺。後來她換了份工作，跟男朋友之間進行了良好的溝通，感冒自然而然就痊癒了。

意識和潛意識有時候是背道而馳的。潛意識彷彿是尚未開發、藏著寶藏黑漆漆的山洞，而身體就是礦燈，意識則是一束光。當身體出現反應的訊息，意識之光照進潛意識山洞，透過希塔波找到根源，問題就不再棘手。

身體什麼都曉得，包括大腦意識所不知道的。身體裡儲存了我們的記憶、經驗以及感受，表達出潛意識想要告訴我們的各種秘密。但現在許多人卻離自己和身體越來越遙遠，沒有時間好好深入了解。有一句話說：「當你覺得很渴、想喝水的時候，其實已經嚴重缺水了。」千萬別等到身體發出強烈的病痛信號，才開始正視問題，試著提早一步覺察自己的需求，滿足自己的身體，照顧好自己。

壓抑情緒，小心百病叢生——身體系統受到情緒影響

身體是情緒的記事本，忠實地記載著一切。消化系統、免疫系統、神經系統、內分泌系統等，都是情緒反應在身體的重災區。心理的焦慮引發身體出現一連串不良的狀況，例如，失眠、注意力不集中、記憶力下降、食慾不振、心慌、胸悶、頭暈、頭痛等。**情緒不好，把負面情緒憋在心裡的人，往往是各種疾病的好發族群。**

只要是人，都難免會有負面、消極的情緒。當我們產生消極情緒時，每個人的表現形式與應對方法又都大不相同。有些人可能會積極面對；有些人可能

會置之不理；有些人則選擇壓抑。害怕情緒失控的人，最擔心的是在他人面前表現出失態的一面，影響到人際關係；又或者不願意讓負面情緒影響到工作與學習。習慣性壓抑情緒，是因為這個行為可以帶來短期的利益，例如，讓工作順暢、人際關係更和諧。但從長遠的方向來看，卻存在著許多隱憂。當我們想方設法壓抑情緒時，情緒也會想方設法的從其它地方鑽出來，最直接的表現，就是導致身體出現問題。

當一個人說感到「心碎」時，「心碎」其實已經不單純是種比喻，極有可能是他的神經系統真的體驗到了相同級別的疼痛。

壓抑情緒時，可能出現便祕的情況；焦慮時，可能會突然感到胃痛或肚子痛，一直想跑廁所；煩躁時，頭皮屑可能會明顯增加；心情不穩定時，身上的蕁麻疹、濕疹、痤瘡就會反覆發作；經常控制不住脾氣時，女性可能會感到胸部疼痛，乳腺增生的症狀加劇；男性可能會出現心臟收縮力增強、血壓升高、血液變黏稠，而導致心肌缺氧的狀況。

科學實驗發現，情緒和身體疼痛在大腦區域的反應非常相似。處在壓力和焦慮下，身體會出現莫名的疼痛感。因為年幼時曾被父母忽略或遺棄過，造成長大後在親密關係中，容易依賴伴侶。有些事情，雖然已經過去很久了，但是這些潛意識中的記憶，身體都記得，並在潛移默化中影響你的生活。

反覆發作的毛病，代表有話要說——創傷印記

在所有的身體記憶中，負面語言和肢體虐待的雙重攻擊，造成的創傷對人的影響最大。特別是孩童時期遭受的傷害，一般很難走出來。

孩子因為做錯一點小事情，被父母大罵、打耳光、打屁股等，這對孩子的自尊心和父母之間的關係有很大的影響。如果父母採取較極端的教育方式，對孩子的成長很不利，而孩子要走出這段記憶，也需要花費很長的時間。在他日後的生活中，如果再次遭遇和小時候類似的事情，辛苦建立的信心很容易在瞬

間崩塌。

所以當你身體感到不舒服時，這是身體的創傷印記，它在提醒你曾經受過的傷痛。但不要感到害怕，**試著去感受身體哪個部位感到疼痛，進而接納它，並允許疼痛出現，而非刻意的壓抑疼痛。**

有個學生學習希塔療癒，是為了撫平年幼時的創傷。她有位嚴厲的母親，每當她做錯事情時，或在餐桌上吃飯吃到一半，就被母親毫無原因的拖到廁所痛打一頓。因此，她心中對於廁所有著很大的恐懼。長大之後，腸胃時常出現吸收不良或便祕的情況。而她也十分害怕下決定，背後的原因是擔心犯錯，大腦的潛意識正努力保護著她。

因為身體記得曾受過的傷害，潛意識在幫助她逃避懲罰。她的潛意識深處一直有個聲音：「決定就會有犯錯的可能，我馬上就會被打。」以至於長大之後，即使長得漂亮也對自己缺乏自信；無論事情大小，都不敢輕易下決定，如果要做重大決定時，腸胃道就會開始出現狀況。

她在學習希塔療癒後，更進一步發現，孩童時期的創傷也在潛意識發展出「沒有愛人的能力、愛無能」等信念，讓她在親密關係中一直發展得不順利，因為曾經受到媽媽的傷害，創造出「不敢愛人」的信念。接著，她開始療癒自己的孩童時期，漸漸改善了腸胃道的不適，變得更有自信，學習重視自己的價值。

身體發出的潛意識信號，是渴望被覺知。**這些反應承載了你內心最深層的需求，訴說著最眞實的自我；相反的，當你覺知到這些動作或疼痛背後的含義，便能重塑潛意識世界。**

因此，當身體的小毛病反覆發作，或總是久治不癒時，不妨問問身體，這些反應真正想表達的是什麼？如果感到肩膀疼痛，內在會有「我必須要承擔世界重擔」的想法，生活中總是在承擔別人或家人的責任；如果有經常覺得胃不舒服，代表有「我沒有被看見、我不重要、我不被在乎」的負面情緒。仔細聆聽身體的聲音，才能「藥」到病除，重獲身心的健康、舒適。好好對待你的身體，擁抱並安撫它，因為身體承載了我們的一切，有健康的身體，才能生活的更加幸福。

最後，記得善待身體，並學會接納它、呵護它，只有這樣身體才會越來越健康。

放鬆全身，啟動身體的感知——身體是我們與宇宙連結的通道

我們的身體，連接著所有宇宙的物質和能量，它就是連接宇宙能量的天線。所有的一切，身體都能感知到；所有渴望想擁有的，也都能通過身體裡的細胞和外在世界溝通，宇宙就會幫助你達成。

每一個身體裡都存在著一個宇宙空間，有一個與外界宇宙相聯結的密碼。首先，**要全然地放鬆才能夠啟動它。當你緊張或者是心生恐懼時，整個身體常常是緊繃的，這扇大門就會緊緊關閉。**

當我們開始學會放鬆時，學會如何欣賞這個世界的美好，內心深處的那扇大門就會敞開。面對這個世界將逐漸具有感知，慢慢打開意識之門，同時也打開整個能量之門。

人類的身體具有高度的智能，它可以接收來自環境中極為精細的訊息，也有能力保持健康和活力。然而，人們卻習慣忽略身體的感知，總是依照大腦的想法行事。長期下來，與身體之間斷開連結，所以會感到身體沉重、消化功能不好、容易疲憊，無法感知身體內外精微的能量，難以與心進行連結。

在心靈成長的路上，最重要的便是與身體重新建立連結。這意味著，必須給予身體更多的注意力，有覺知的聆聽身體向我們發出的訊息，並且尊重身體

的意願。

與身體建立連結的5個捷徑——與身體建立良好連結

1.練習瑜伽或運動

人們在練習瑜伽時，會讓覺知融入每一個體式和動作當中。在每一個動作中，覺察「意圖和能量」的配合。隨著練習逐漸深入，將能感受到能量真真切切的在體內流動。將覺察帶入每一個動作中，是練習瑜伽的關鍵。

練習瑜伽的誤區：一味想擺出正確的體式，卻沒有保持呼吸和對身體的覺察，即使上完許多瑜伽課，與身體依然無法建立起更親密的連結。

當我們通過瑜伽與身體建立連結，身體的經絡會被疏通，阻塞會被清理，心輪會被淨化。進行任何其他運動時，所產生的能量，也都能幫助我們更容易覺察身體細微的感受。

2.光著腳在地板、草地、沙灘上跳舞

聽一首動感的音樂，最好帶有鼓聲，因為鼓聲會幫助打開心輪。聽著音樂，允許身體自由的擺動。閉上雙眼，感受手臂自然舞動，感受身體每一個部位互相配合，它們彼此間協調嗎？能夠保持平衡嗎？能夠表達你此刻內心的感受嗎？

隨著每一次移動步伐，感受雙腳與地球母親的觸碰，感受大地之母的愛和存在。身體來自於土地，當我們與土地保持連接，自然就會與身體更加緊密。

3.有覺知的做家事

進行洗衣服、洗碗、收拾衣櫥、打掃房間等家事時，最重要的不是效率，而是將覺知融入到每一個身體動作當中。若平時習慣快速的完成家務，現在可以嘗試慢慢的洗碗，把它當作當下唯一重要的事。洗碗的時候，記得打開自己的五感：

聽：水的聲音、碗的聲音、刷洗發出的摩擦聲。

聞：此刻的氣味。

看：眼前正在發生的一切。

觸：水的流動、碗的光滑觸感等。

感受：內在情緒的波動。

如此一來，便會發現洗碗這個活動看似簡單，卻包含了全部的靈性練習，帶領我們進入當下。

4. 與植物打交道

當我們把注意力聚焦在植物上，所有視覺、嗅覺、觸覺、感覺皆會被淨化。如果你願意親手種植花草植物，手碰觸土壤的同時，也會淨化自己的身體能量，緩解壓力，幫助喚醒身體的智慧。

5. 靜坐冥想

運用希塔療癒的冥想練習做身體掃描。練習在以希塔波冥想時，將注意力專注於身體部位。請從頭頂開始往下掃描，體驗那些部位會產生什麼樣的感受？從頭部往下到胸腔、腹部等位置的感覺是什麼，再慢慢移動到腳趾，有時會看到顏色，有時會看到器官或內臟的樣子。身體的直觀掃描會帶我們重新回到身體裡，並同時與宇宙源頭連結。

腋下淋巴腫和乳房腫瘤——見證故事

我的學生林慧眉在左手腋下處有一個淋巴腫，原先以為只是副乳，發現這個淋巴腫已大約六年時間，這段期間一直長大，按壓時會有痛感，加上她原本的淋巴就很容易堵塞，因此不以為意，也不是很認真在仔細觀察。

淋巴系統的情緒是與戰爭議題有關，容易產生鬥爭或搏鬥的信念與情緒。後來透過希塔療癒清理了許多信念，甚至回溯到前世處理掉關於戰爭的情緒，向過去每一場的殺戮靈魂進行原諒練習，淋巴腫竟然逐漸變小。

另外，在進行乳房檢查時發現另一顆小腫瘤，乳頭會分泌黃色物質，醫生建議她盡快開刀切除。慧眉幾經思考後，決定先從飲食開始改變，並同時清理信念和療癒，配合身體排毒。

她在清理信念系統時，療癒了許多跟母親有關的議題。例如，小學一年級時母親曾在眾人面前公然打她、罵她丟臉，讓她感受不到被愛與被滋養的情緒。慧眉針對兒童時期的創傷進行了很多次療癒。另外，她也療癒了和環境相關的議題。生活中的毒素、重金屬等，以希塔療癒的方式拔除輻射，也將日常用品全都換成無毒環保的材質。

一段時間過去，慧眉整個人的能量開始改變。乳頭的分泌物不見了，換一家醫院檢查後，確認已無分泌物和小腫瘤，這一切真的是太神奇了！

8 建立關係支持圈

身邊是對的人嗎？—區分三個圈圈和不同心智階段—跳脫負面關係的循環—清理背叛、學習信任—日常練習

人際圈的好壞，反映著你的人生——身邊是對的人嗎？

生活中難免會出現這樣的時刻，明明想讓自己變更好，但是費盡了好大的力氣，卻沒有什麼效果。每當此時，我們會習慣反思：「是不是自己哪裡沒做好？」懂得自我省思是一個很棒的美德，往內在尋找原因也能更認識自己，只要留意別陷入慣性自我批判就好。

但人們常常會忽略一個阻止我們成長的外在因素——人際圈。正是所謂的「近朱者赤，近墨者黑」，身邊圍繞著什麼樣心智的人，便會直接反映我們的狀態。往小的方向來看，會影響日常的生活習慣與健康情緒狀態；往大方向來看，會改變一個人的自我力量感、價值感乃至整個生命狀態。

自我提升，不僅僅是調整自己，同時也是強化人際圈辨識的能力。生命中真正能夠產生影響力的，往往是身邊的少數幾個人。可能是家人、朋友、伴侶，他們的言行和選擇都會深深地感染我們。

人的身心靈是一個完整的能量系統，能量有高低與正負。在生活中，我們會遇到各式各樣的人，他們身上都有完全不同的能量狀態。不論你是否有察覺，但這些偶然相遇的人們，都會在不知不覺中改變我們的能量狀態。一切的發生都非常自然，如果沒有敏銳的覺知，也許不會發現。

觀察不同的人們所具有的行為模式，會有一些神奇的發現。能量比你低的人會：懷疑你、批評你、否定你、嫉妒你、打擊你；能量同頻的人會：喜歡你、欣賞你、肯定你、陪伴你、珍惜你；能量比你高的人會：理解你、支持你、包容你、守護你、成就你。

曾看過一句話：「一個人能走多遠，要看他與誰同行；一個人有多優秀，要看他有誰指點；一個人有多成功，要看他與誰相伴。」**人的這一生，和誰在一起真的很重要，跟什麼樣的人交往，就過著什麼樣的人生。**身邊熟識的朋友是否可以讓你變得更好？讓你遇見更優秀的自己？在此之前，更重要的是先做真實的自己，做自己想做的事，成為自己想成為的人。當你讓自己真切地感受到幸福，才能帶著愉快的心和他人成為朋友，將正能量傳遞給大家。

一個人最終會走向何方，周圍的朋友便是相當重要的指標。只有不斷地優化自己，才能吸引到同頻的人。

具有賢者心態，便能吸引到更多賢者

區分三個圈圈和不同的心智階段

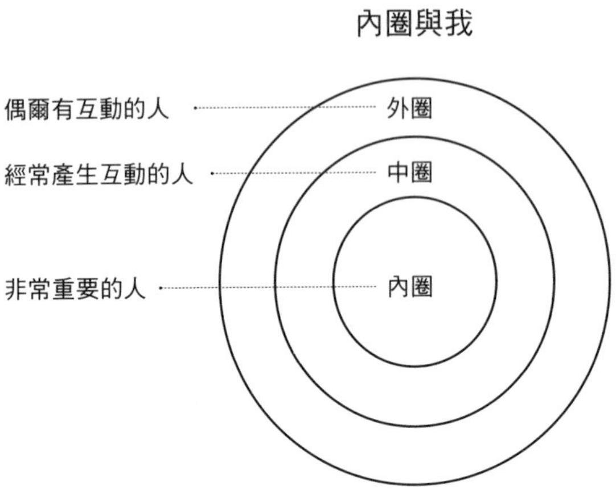

維安娜將人際關係分為內圈、中圈、外圈，距離我們越近的，彼此關係也會越親密，也更容易受到對方的影響。心智區劃分成三種不同的面向，例如：兒童心智、成人心智、賢者心智。在我們的生命裡，把適合的人放在適當的位置，和周圍的人建立一個健康並正向的支持系統與關係是非常重要的。

在希塔療癒的高階課「人際關係

的內圈與我」當中，將生活中的人們大致分成三個圈子：關係的內圈，中圈和外圈。

外圈：你所認識的人。可能是在社群或電話簿裡的名字，平時與我們不太親近的人，但偶爾會與他們聯繫。

中圈：會經常與你產生互動的人，例如：同學、同事或朋友。

內圈：**內圈的人非常重要。在內圈的人應該是值得信任的人，務必將對的人留在這個圈子裡，才有機會成功。**

再來，我們要去學習如何區分不同的心智階段。學習辨別一個人處在兒童心智階段、成人心智階段，還是賢者心智階段。基於這三個不同的心智分類，將他們放在內圈、中圈還是外圈。

在生活中，有時會遇到一些戲劇化的狀況，或總是被某些人搞得心煩意亂，表示你將呈現兒童心智的人放在自己的內圈。在這個很親密、很信任的內圈狀態裡，有極大的可能會受到對方影響，而出現情緒起伏強烈的八點檔劇情，或者是做出錯誤的決定。那麼，三個不同的心智階段，分別具有怎樣的特質表現呢？

●兒童心智階段：

大腦在孩童的成長時期，會建立一些正面模式，例如，知道被鼓勵、被讚美、建立自尊心、知道如何有趣地玩耍，感受到關心時，也會學習關心別人等。如果一個孩子沒有得到這些正面鼓勵，他們有可能會在成年後仍停在兒童階段，並會產生一些負面的兒童傾向行為。例如，發牢騷、不斷抱怨、只在乎自己、沒有安全感、不顧別人、半途而廢、喜歡競爭、比較八卦等。

●成人心智階段：

當我們學習擁有了正面的兒童心智之後，就能順利邁向成人的心智階段。一個擁有成人心智的人，會懂得如何鼓勵別人，也會吸引需要鼓勵的人來到身邊、知道如何讚美別人、也能夠自我鼓勵、非常重視規則、有責任心、有足夠的同理心。但如果一個成人，沒有具備兒童時期的良好特質，有時會變成矯枉過正的成人，像是不懂得如何享樂，只會專注在工作上，變成一位工作狂。

●賢者心智階段：

在擁有兒童和成人的正面特質之後，才能往賢者心智邁進。擁有賢者心智的人，通常與造物主和自己維持著良好的關係，並且心中有滿滿的愛、具有彈性、相信自己、充滿智慧等特質。賢者心智也是大家想共同努力達成的目標。

如果身邊有朋友是容易嫉妒你的人，他會幫助你成功嗎？容易嫉妒他人的人並不一定不夠優秀，只是兒童心智的人容易產生嫉妒心，因為他們的心智還在持續成長中。從兒童發展至成人，是需要經歷過某些特定的經驗，如果缺乏這些經驗，將無法順利在心智上發展為健全的成人。即使到了四十歲、五十歲，依然有可能還帶有負面的兒童特質。

多數時候，我們在面對不同事情時，會顯現出不同的心智階段。

在內圈裡，需要存在一〇〇%能夠相信的人。並不是建議你離開現在的朋友，而是需要辨別朋友們的心智階段處在哪個階段，才能妥善管理心中的期待。如果你期待一條魚爬到牆上，那麼這條魚必定會使你失望。如果你已有心理準備，心中便不會產生不實的期待，理解魚兒只能在水中游泳，那麼你就能好好處理自己的情緒。這個規則，適用於生活中遇到的各類人們。

有些認識的人不在我的內圈，會放在中圈，但仍以善良的態度面對他們，對他們投入的期待是很精準的。中圈的人們不會讓我失望，與他們保持健康良好的關係也不困難。

身邊圍繞著什麼樣的人，可以反映出你目前的心智狀態。在生活當中，是否有依賴度很高的朋友？是否有個性自私的朋友？還是有你認為他是你的朋友，但對方卻非常地以自我為中心，你還得為此負責任。主要的原因，是你正處在成人的心智階段，成人自然會想照顧兒童，並且通常會習慣以嚴格的規則來管理生活。成人心智的人需要去滋養和愛每一個人，當你擁有這些特質後，就能邁向賢者的心智階段。

如此一來，就能吸引更多賢者到生活中。如果你生命中所有的朋友都具有賢者心智、都是成功的人，那麼你也會是成功的。

我自己非常喜歡這堂課的內容，第一次檢視自己內圈名單的時候也很驚訝，因為我意識到自己不在內圈裡，甚至將兒童心智的人放在內圈，錯誤的分類使我容易感到被朋友榨乾、占便宜。

起初我認為自己是很有自信的，後來才發現我竟然缺少「肯定自己」的信念，並具有工作狂的傾向。從小就是成人心智，不曾經歷過兒童時期該有的正面體驗，不知道如何休息和玩耍，除了工作還是工作。經過學習後才發現，造物主要讓我學習成為孩子般快樂的狀態，學會玩耍、放鬆、用新奇的視角看待生命。

把正確的人放在正確的圈圈上——跳脫負面關係的循環

成長過程中，可以得到支持的第一階段都是來自父母。但有些人與父母的關係，總是處於一個很緊繃又掙扎的狀態，甚至有一些互相對抗。父母不一定要擺在內圈。如果父母是兒童心智，可以將他們放在中圈或外圈。無論放在哪裡，只要感受到不舒服的感覺或產生情緒上的堵塞，都能透過希塔療癒的方式進行療癒，再擺到正確的位置。這樣一來，親子間的關係才會呈現很開心、喜悅的狀態。

過去接觸到的個案中，發現有些人會在潛意識裡把父母說的話當作聖旨。好像父母說的話都是對的、不能反抗。包括很多人對於孝道的理解，也都偏向傳統，不外乎是「父母之命」不能違抗。

而在亞洲社會中，也時常傳遞著一種信念，大家要共同承擔家庭的責任、我們是家庭的希望，要把家人們放在自己之前，放在自由意志和喜悅之前。這些都是非常傳統的東方集體意識信念。在任何的療癒系統裡，都要記得把自己放在最中間、最重要的位置，而父母只是扮演著協助我們的角色。

如果父母們還處在接近兒童心智的狀態，或依然有著旺盛的控制欲，也不需要刻意改變他們，可以暫時將他們放在人際關係的中圈或外圈。接著，從自己開始改變心態，父母會隨著我們的變化而有所成長。未來將有機會成長為非常成熟、能互相滋養的正向關係。

有時我們會深陷於負面關係的漩渦中，看不見這段關係要教會與帶給我們的東西是什麼，於是，不停地重複著那些不愉快的劇情。一旦我們學會覺察，有意識地想要跳脫惡性循環，從全新的角度去看待一切，就能很輕鬆地找到要學習的東西，甚至能直接學會，然後把相應的課題都標記已學習完成。當信念清理與療癒完畢之後，就不會再吸引相同個性的人。接著，你會發現生命中充滿了貴人。因為舊的信念清理了、不健康的關係解除了，自然會吸引到能真正幫助我、支持我和我相互扶持的人。

原諒自己、釋放對自己的憤怒——清理背叛、學習信任

想要建立良好的內圈，首先要療癒關於「背叛」的議題。背叛的定義是什麼？當你給予信任，但對方卻破壞了信任，你就會感受到被背叛的憤怒或沮喪。提到「背叛」兩個字，大家最常聯想到的是在愛情關係裡的背叛，但其實任何關係只要違背了信任，同樣會產生背叛與受傷的感受。有時是友情，有時是和父母之間。而遭到背叛的人，通常會有以下幾種反應：

1. 忽視背叛

有意無意地忽視背叛的跡象，試圖維護一段關係。可能會出現否認的行為、尋找各種藉口，當他們越努力去掩蓋背叛的跡象，努力維持這段關係時，內心受到的煎熬也會越大。

2. 難以信任其他關係

經歷過背叛的人，會發現重新建立一段信任關係非常困難。他們害怕再次

遭受背叛，這將會阻礙他們和伴侶、朋友，甚至是家人之間的信任感。

3. 改變對愛的定義

遭受背叛的人，會不知不覺地改變自己對愛的定義。開始把虐待、不忠及其他形式的背叛視為正常的愛，甚至會下意識去尋求這類不正常的關係。

4. 降低自尊

如果被自己的伴侶或非常信任的人背叛，會大幅改變一個人對自己的看法。在遭到背叛的最初，可能會感到羞愧或內疚，接著，認為自己活該被背叛，或是自己不值得擁有一段正向發展的關係。

當我們被一個人背叛時，最大的原因是將他擺在不對的圈圈。在第三圈外圈的人不會背叛你，因為我們沒有給予他們信任，在最內圈的位置才會產生背叛的感受。一個會傷害你和破壞信任的人，通常仍處在兒童心智，兒童只會在意自己，不顧他人。因此，若你將兒童放得離自己太近，也代表你缺乏正確的辨識能力，潛意識裡有一些限制性信念阻礙了自己的辨識度。適當的清理限制性信念之後，背叛的議題將會減少許多。

在希塔療癒中清理背叛相關議題，都會進行「原諒練習」。前面提過如何進行原諒練習，可以參考看看。**遇到背叛的困境，最主要、也最重要的是「原諒自己」，因爲成人心智的人遇到背叛時，第一反應都是生自己的氣：「我怎麼會相信那個人？」因此，必須學著如何釋放對自己的憤怒。**

願我們都能從被背叛的傷痛中釋放自己，像不曾被傷害過那樣去愛。

＊＊＊

讀完本篇，你可能會發現原來自己有這些限制性信念。

1. 我總是讓別人消耗我的精力。
2. 我很難去信任別人。

3. 我的身邊都是占我便宜的人。
4. 我唯一能相信的只有自己。
5. 我無法對自己誠實。

可以轉換成以下正面信念：

1. 我有宇宙源頭造物主的辨識能力。
2. 我知道可以再次去信任。
3. 我可以吸引正向特質的成人和賢者心智的人來到身邊。
4. 我知道對自己誠實是安全的。

2 畫下三個圈圈，內圈、中圈、外圈。寫下目前內圈的人有誰？再檢視這些人的心智階段，正處在哪裡？

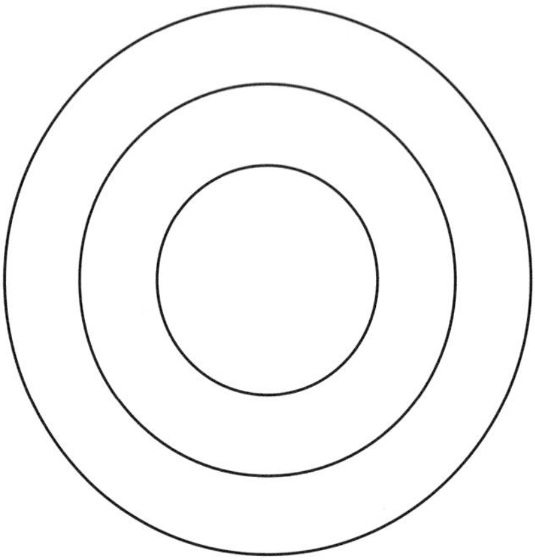

3 列下三項你曾感到被背叛的人、事、物。接著，試著對它們進行原諒練習。

★

日常練習

分辨自己的心智階段

1 列下目前自己在生活不同層面中，處在什麼樣的心智階段。例如：工作——「成人」、愛情——「成人」、健康——「兒童」、金錢——「兒童」。

七種不同的靈魂伴侶——如何擁有命定的那個人——見證故事——靈魂伴侶祈禱文

9 真愛來敲門

你身邊的人是哪一種靈魂伴侶？——七種不同的靈魂伴侶

你是否曾經歷過，雖然心中很想相信愛情，但卻又忍不住懷疑，是不是真的有這麼一個人，是為你而存在、為了與你相愛？我們都想擁有一段美好的關係，卻又在茫茫人海中，不知道該如何與靈魂伴侶相遇？

維安娜曾說：「靈魂伴侶是我們在另一個時空相識的靈魂。靈魂伴侶有時彼此契合，有時不是。但你的心會本能地記得並愛他們，靈魂伴侶對你的內心有著特別的意義。你的心在看到他們時會非常興奮，當你們一分開，便會迫不及待地想再次相見。」

有時當你遇見一個對象，會感到心跳加速、手心冒汗，目光總是被對方所牽引，但又不確定他的心意，也不知道該如何前進，這種不確定感總是會令人感到沮喪。因此面對身邊出現的人，是否能正確的辨識出靈魂伴侶，就是許多人需要學習的課題。

維安娜將靈魂伴侶層面分為七種，來看看你的靈魂伴侶或是曾經的伴侶，是屬於哪一種類型。

1. 雙生火焰 The twin flame

對方通常跟自己的個性很相似，就像是在照鏡子一般，也因此在相處上會產生比較多的摩擦。這樣的關係可能不會維繫太久，多數時候，雙生火焰在我們的生命中只會停留短暫的時間。

2. 不相配的靈魂伴侶 The incompatible soul mate

遇到不相配的靈魂伴侶會很容易愛上彼此，因為身上還遺留著前世或過去記憶中對彼此的喜歡，雖然仍會感受到莫名的悸動，但可能會因為與對方頻率不同，而無法完全契合。然而，在這個過程中，你可能會漸漸了解自己真正想要的伴侶特質及條件，正是宇宙在幫助你吸引此生註定的靈魂伴侶。

3. 尚待琢磨的鑽石靈魂伴侶 The ‘diamond in the rough’ soul mate

遇到這類型的靈魂伴侶時，通常對方所擁有的都是自己想要的條件，但在相遇的當下，可能還無法與對方順利發展或延續緣分。如果你已經遇到的靈魂伴侶就像鑽石一樣，尚未雕琢完成，你便需要更有耐心的等待時機成熟。

此時，可以詢問造物主，什麼時候你的靈魂伴侶才會準備好？而這樣的伴侶，很有可能成為最契合的靈魂伴侶。遇到這類型的伴侶，最需要的是耐心及等待。如果對方尚未準備好就進入一段關係或下一個階段，就會像沒烤熟的蛋糕一樣，急著端上桌，吃起來一點也不美味。別心急，先調整好彼此的步調才是最重要的。

4. 延續前緣的靈魂伴侶 The unfinished business soul mate

如果遇到前世的靈魂伴侶，代表與對方在前世還有未完成的關係課題，留到這一生與對方修補關係。或是在對方身上仍有需要學習的課題，當課題完成後，兩個人會繼續各自前往下一段關係。遇到這種類型的伴侶，能夠幫助自己靈性層面的提升和成長。但是維安娜說，我們不需要透過經歷這樣的關係來幫助成長。

5. 契合的靈魂伴侶 The compatible soul mate

兩個契合的靈魂伴侶在一起，通常會互相了解對方和愛對方，在個性上也很合得來，是很美好的伴侶關係。假設有一方注重靈性方面的成長，進而提升自己的頻率，有可能會想要求另一方一起提升在靈性層面的能力，進而成為生活中相伴的伴侶。此時，才會成為契合的生活靈魂伴侶。

6. 契合且相伴一生的靈魂伴侶 The compatible life soul mate

契合且相伴一生的靈魂伴侶，會陪伴在彼此身邊，共同在靈性和精神層面學習與成長，兩人之間的分享大多是正面想法，也因此容易被對方所吸引，並且會藉此鼓勵自己成為更好的人，是很有深度的愛。

儘管雙方的興趣截然不同，但彼此吸引的特質是很明顯的。注意在吸引或召喚這類型的伴侶時，需要完全了解想要的對象條件，一定要是最適合自己的。對方雖然不會百分之百完美，但在任何的關係中都需要付出努力及經營，這也是需要先將自己準備好的原因。

7. 生命藍圖伴侶 The divine life-partner soul mate

生命藍圖伴侶又稱為神聖時機伴侶。每一個人來到世界上，都有其存在的目的，當你有一個比較龐大的神聖使命時，需要一位藍圖伴侶來協助你一起完成人生任務。這樣的藍圖伴侶不是每個人都有，如果有的話也只會有一個。[2]

全然地愛自己，放下對愛的誤解——如何擁有命定的那個人

靈魂伴侶能讓你快樂也能讓你傷心，這一切都取決於我們對自己的感覺。如果還沒學會真正愛自己，那麼靈魂伴侶的關係便會使你不知所措。靈魂伴侶無法讓你變完整，先學會全然地接納自己、清楚知道自己想要的是什麼，當你遇見那個人時，才能快速知道「就是他了」。

維安娜說：「人無法完全的愛別人，除非先完全的愛自己。」我們都希望在最好的年華遇見一個對的人，但實際上，必須先喜歡真正的自己，才會迎來最好的年華。

2 參考《Finding your soulmate with ThetaHealing》第三章「A Guide to soulmates」p47: The seven types of soul mate。

戀愛關係存在的意義，並非單純指引我們找到一個伴侶，而是讓我們真正理解到自己是一個獨立的人，而伴侶也同樣的獨立且重要，雙方不過度依賴彼此，能親密地陪伴對方，這將讓你擁有最舒服的戀愛關係。

因此，真正的靈魂伴侶是有良好默契的人。也許彼此之間沒有共同愛好，但是會相互理解、尊重、欣賞、懂得包容，非常難能可貴。靈魂伴侶也是地球進化的一部分，**真正的伴侶可以共同成長和改變，創造兩人之間更多的無限可能。**

但許多人曾在原生家庭中受過傷，長大後容易在關係中因為害怕失去，而出現過度付出的傾向，正因如此，會吸引到某些既不願付出又會在關係中占便宜的靈魂伴侶。

我在教授希塔療癒高階課「靈魂伴侶」和「伴侶與我」兩堂課時發現，學生雖然是在挖掘潛意識裡關於伴侶的阻礙議題，但最後仍會回歸到自己身上，特別是「恐懼愛和自我形象」這兩部分。恐懼愛，最常聽見的信念大概是：「害怕與另一個人分享我的全部、害怕讓人了解我、害怕重新開始、害怕失去自由、害怕失去自己」等，也有一些對於愛情充滿悲觀的信念，例如：「關係的結局都是悲劇、真愛都以悲劇收場。」等，都是受到現實生活中一些悲劇性愛情故事的集體意識影響。

關於自我形象的部分，有很多學生內心認為「我很醜、我很胖、漂亮的人都是膚淺的」也許是從小經常遭到家人嫌棄，主要原因是上一代長輩有一個集體意識：「不能稱讚孩子。」似乎誇獎後會有不幸發生。因此，造成許多人對自己的外表缺乏自信。幸好這些觀念近年來已逐漸改善，年輕一輩的父母，對孩子的教育大多採取積極鼓勵或讚美的方式，讓孩子從小建立自信心。

一個人若對自己充滿負面想法，是不會相信有人願意愛他的。此時，若遇到喜歡的人，也會將自己的地位放得很低，這就是對愛的誤解。

過去有一些療癒關係的個案和學生，明明長得很漂亮卻對自己沒有信心、總是遇到不對的人、很難進入一段關係，或是無法離開不對的關係。這些議題都可以透過希塔療癒連接造物主，療癒潛意識裡的創傷，釋放舊有的過度付出及其他傷害性信念，或是清除阻礙擁有靈魂伴侶的信念，**重新設定對愛的觀點，當你全然地愛自己之後，就能吸引契合且相伴一生的靈魂伴侶。**

來自國外的靈魂伴侶——見證故事

我的學生煒庭在學習希塔療癒後發現，心中許多的限制性信念都跟愛有關。在她過往的關係中，習慣討好對方、想尋求認同，因為她無法接受有人不喜歡她，所以用盡全力討好，希望獲得認可。

她說：「也許是從小到大都胖的關係，我對自己的外表和身材很沒自信，在關係中也經常依附對方、以對方的意見為主。長期下來，失去自己的重心，也有很深的不安全感，擔心伴侶不愛我、拋棄我怎麼辦？」透過希塔療癒，她終於看見自己的潛意識是如何運作，知道當下為何有這些行為或決定，再藉由轉換信念，讓潛意識重新定位，轉換成正面的想法。

奇妙的是，經過幾次療癒後，她的人生發生很大的變化。原本困擾她的感情議題不再是問題，提到過去不開心的經驗，已能輕描淡寫，甚至是以開玩笑的角度笑說當年有多天真。

二〇二二年六月學習希塔，陸續療癒了伴侶、健康、人際關係、豐盛等議題，後來也療癒了自己和世界的議題。不到一年後，便在韓國遇見現在的另一半，跟韓國歐巴談起異國戀愛，每天都像在演韓劇一樣，既浪漫又溫馨。

煒庭說：「雖然我的韓文沒有很流暢，但跟歐巴見面時總有聊不完的話題，有時才剛開口、話還沒講完，歐巴就可以理解我的意思，並給予溫暖的回饋，讓我總是感到滿滿的關懷與愛。所謂契合的靈魂伴侶大概就是這樣吧！跨越國籍、地域、語言，一個眼神就知道對方在想什麼，不用透過證明、犧牲、奉獻，就能感受到愛。謝謝希塔療癒讓我學會如何愛自己，同時也吸引愛我的伴侶來到身邊。」

靈魂伴侶祈禱文

親愛的宇宙、神、源頭造物主：

我請求您和浪漫天使幫助我與我的靈魂伴侶，擁有一段美好的愛與關係。

請給予我清楚的指引找到我的靈魂伴侶，並協助我們相遇與享受和彼此在一起。

我請求您幫忙創造一些機緣，讓我可以進入美好的靈魂伴侶關係中。

請幫助我療癒與釋放，在我身上或情緒上令我害怕美好的愛之任何障礙。

請幫助我聽見與遵循您神聖的引導，指引我找到並享受靈魂伴侶的關係。

我知道我的靈魂伴侶也和我一樣熱切地尋找彼此。

我們兩人都請求讓我們在一起，並幫助我們知道和接受美好之愛的祝福。

謝謝您、完成了、完成了、完成了。

重新調整頻率—如何擁有好運體質—啟動直覺力的方式—見證故事

10 擁有幸運磁鐵體質

別被慣性思維控制住——重新調整頻率

每個人都渴望擁有好運，期待自己諸事順利、輕鬆愉悅，而且這個世界上確實有人好運連連，順風順水，那麼，我們怎麼做可以啟動好運呢？

相信大家都曾聽過「吸引力法則」，「吸引力法則」就是：「思想集中在某一個領域時，與這個領域相關的人、事、物就會被它吸引過來。」簡單來說，就是相同頻率的東西彼此吸引。在這個萬有引力的頻率世界中，每個人都是一塊「活」的磁鐵。我們所擁有的一切，也都和頻率有關。

理解頻率運作的原理，就能確實改變自己的運氣和生命狀態。試著回想，從出生到現在，我們總是不可避免的吸引到一些和自己志同道合的人，也會吸引和製造與你頻率最接近的事物，我們的內在狀態決定了外在的一切。當內在充滿了喜悅、和平和愛的能量時，自然就能吸引和創造喜悅、幸福、愉悅與平和的事，也能替身邊的人們帶來相同的能量。

同樣的，當內在充斥著負面能量，必定會繼續驗證負面能量的事情，最後也許還會帶著怨恨的想法，認為「這才是真的，這就是屬於我的生活！」然後不斷地強化自己的負面能量，陷入自我創造的黑暗世界而無法自拔。

其實每一個人都具有無限潛能，思想就是最強而有力的武器。我們現在的生活、關係和成就，都代表了慣性思維所創造出來的結果，最終形成目前的生活狀態。

如果一個人經常想像自己是什麼樣子，並且意志堅定地朝著那個方向努力，他就會變成那個樣子。如果他認為自己是糟糕的、不值得的，他就會越來越糟糕和不值得；如果他認為自己是優秀的、具有價值的，他就會漸漸活出屬於自己的價值感和優秀的姿態。

因此，我們需要做的是改變受限的思維方式，重新調整自己的頻率。

擁有好運體質的4個基本練習——如何擁有好運體質

一個人的運氣，往往與他周圍的磁場有著密切的關係。當我們越來越專注於某件事或某種情緒時，就會受到這些能量場的影響。只要越專注於自身，不斷的提升自我，不斷的精進，一切都會變得有如神助。而人生在世皆有磁場和頻率，想要獲得好運，首先要知道好運從何而來。

1. 從健康的身體來

健康的身體是我們最強的基石，是最寶貴的財富，也是我們擁有好運的根本。人生在世，不該為了不值得的事情去消耗身體。唯有保持良好的身體狀況，才能在運氣來臨時順勢而為，在逆境中逆風而上。

2. 從好的語言中來

說話的語氣，往往決定著一個人的運氣。觀察一個人的運氣如何，可以從他的說話語氣中窺知一二。好運氣源自於內心的善意和修養，一個話語溫和、口中有德的人，總是讓人身心愉悅，自然會有貴人相助、帶來好運。

3. 從良好的心態來

樂觀的心態，可以將壞事變為好事。能真正逆風翻盤的方法，其實只有改變心態。擁有積極向上的氣場，運氣也會隨之提升。**心態是人生最好的風水，擁有良好的心態，正向積極的能量場就會聚集在你身邊，關於你的一切事務也會順利進行。**

4. 從傾聽內在直覺來

曾看過一篇關於賈伯斯（Steven Paul Jobs）的文章，提到他本人非常重視直覺力，並不信任透過市場調查或集體討論後拍板決定的產品。更多時候，他依賴的是自己的直覺。「我跟著我的直覺和好奇心走，遇到的許多東西，此後被證明是無價之寶。」這是賈伯斯在一九八三年的一場談話中所說的話。**越是傾聽內在的聲音，就越能相信自己的直覺力，讓事情加倍順暢。**

加深與身體之間的連結——啟動直覺力的方式

真正運用自己直覺力的人，不管在任何行業或領域中，最後都成為了領袖級的人物。對任何行業來說，直覺力都是一個相當重要的技能。不單純只是財富上的豐盛，更是一種屬於個人的快樂感和幸福感，讓自己活在最高、最佳的頻率上。

直覺和思考是兩回事，直覺力是身體層面的體驗，是一種感知的能力，讓你感知到訊息帶來的能量。而我們需要做的第一件事，就是加深與身體之間的連結。

1. 學會「呼吸」

學習讓不停運轉的大腦，能夠放慢速度的呼吸方式。請大家一起試著練習：

①將雙腳平放在地面上，留意自己的身體是否有緊繃、緊張的感覺，尤其是這三個部位：喉嚨、胸口和胃部。

②接著，觀想你的呼吸，感覺呼吸是從地面吸上來的，然後一路沿著腿部往上走，吸到你的心裡。

③舌頂上顎，吐氣、呼氣時讓嘴巴呈現圓形，好像在吹蠟燭一樣。同樣的呼吸方式進行2次，從腳吸氣上來，然後像吹蠟燭一樣把氣吐出去。

④再一次，吸氣時通過鼻子吸進來，吸到心裡，把下巴打開，讓自己打哈欠，發出「啊」的聲音，讓身體慢慢放鬆。

留意一下腦海裡的思想，這個步驟可以讓大腦安靜下來，並開始覺察其他來自直覺的微妙能量。這個方法也能在進行各種冥想之前使用，準備冥想時，先做幾次呼吸練習，讓自己迅速安靜下來，將狀態調整到喜悅且寧靜，能更有效地提升冥想的質量。

2. 面對恐懼

擋在直覺力路上最大的障礙，就是面對犯錯的恐懼。將恐懼移除是非常重要的，其中一個小方式是承認恐懼，並大聲說出來，在說出每一個恐懼的中間，停一下讓自己呼吸。

例如：我害怕會做出錯誤的決定↓呼吸，吐氣；我害怕如果做了這個決定，會失去安全感↓呼吸，吐氣；我害怕犯的錯誤無法糾正↓然後再呼吸，吐氣。

繼續把這個步驟完成，大聲唸出來，而不是在腦海中默唸。持續做下去，直到腦中沒有能想到的恐懼為止。這個練習叫做「倒垃圾」，當恐懼被清除掉，沒有恐懼的時候就可以輕鬆呼吸，讓呼吸進入心靈的空間。

接下來，練習造句。使用「我熱愛，我愛」。例如：我熱愛創造↓呼吸；我熱愛寫作↓呼吸；心中真正所愛的東西，都會與直覺相連。

當你把真正熱愛的東西表達出來的時候，直覺力就會開始流動。只要對真正關心的事情做到承認，並享受樂在其中的感覺，直覺會非常快速閃現出來。

當你將所熱愛，所享受的事情說出聲的時候，就會接收到來自直覺的想法，甚至是如何將它們實現的方法。

每天花幾分鐘時間做這個練習，會開始接收到非常多的直覺訊息。如果最初覺得想不到或說不出來，也可以嘗試先寫看看，再照著唸出來。

3. 清楚的知道優先順序

清楚知道自己的優先事項有哪些，直覺便會跟隨你的意願和意圖。讓內心非常的明白，在這個當下，我的優先順序是什麼？放在第一順位、最重要的又是什麼？

拿一張紙，寫下前五項優先事項，不能超過五個，並且留意對這五件事情的排序。當你把事情寫在紙上的時候，是如何寫下來的，都會真實反應內心的意圖。

若你寫下的是：我想要金錢、我要升職、我想要搬家、我想要改善關係的狀況。順序是很重要的，這會暗示直覺力該以什麼樣的優先順序去幫助你。

當你把五個事項都寫下來時，這個當下，請先把焦點放在第一件事項上。當人處在清晰又具有條理的狀態中，直覺的運作也會是最棒的。**倘若你的內心十分混亂，不夠平靜，宇宙也會不知道該如何幫助你，所以將內心梳理整齊是非常重要的。**

4. 整理周圍環境

我們都有能力把給自己帶來混亂的東西清除掉，讓自己更加清晰。把生活中讓自己分心的，不是最重要的多餘物品，依序清理掉。

首先，從最實際的地方開始。例如，桌面。讓桌面沒有多餘的書本或紙張，保持簡單乾淨。如果在你的環境中有太多混亂又令人困擾的物品，就沒有辦法接收到清晰的能量，你所接收到的能量就會是混雜的，所以盡可能的保持清晰與簡單。

多年前，我開始看關於「斷捨離」的書籍時，動力滿滿的替自己的房間進行一次大掃除，丟掉了許多用不到的物品，房間瞬間變得清爽又舒適。我在坐下來休息時，突然有個靈感和念頭閃過腦中：「這個房間留不住我了，我很快要去外面的世界走走。」沒過多久，我離開台北搬回台南，然後就往中國大陸去工作。現在回想起來，當時那個想法就是所謂的直覺力吧！

5. 清理潛意識直覺阻礙

希塔療癒一直在強調清理潛意識的限制性信念，清理的越多，大腦就更加清晰；越了解大腦的運作，就越知道該跟隨哪一個聲音。當我們能收到來自造物主的訊息時，就能更有智慧的做出判斷和決定。

金錢與房子的顯化——見證故事

懷慈是一位業務經理，在學習希塔療癒之前，每天早上七點半就忙著帶下屬拜訪客戶衝業績。而業務的收入主要來自業績，業績不穩定時只能吃泡麵、吃蒟蒻條果腹。每天忙的暈頭轉向，直到晚上十點才回到家，更失去了陪伴孩子的時間。

學習希塔療癒之後，清理掉許多限制性信念，顯化出更多的時間陪伴孩子成長，收入也以一年增加二〇%急速成長。二〇二三年，帶著一家五口完成日本東京的旅行。除此之外，每個月的假日都能帶著孩子們去旅遊或露營，一起度過最棒的家庭時光。

另外，為了想買一間新房子，懷慈詢問造物主該如何顯化這間房子？於是，她帶著伴侶一起療癒土地和祖先們的信念。兩人每天在上班的途中，不停的療癒台南北區的土地（一開始就設定要購買這個地點的房子），就這樣顯化了一週。很快的，他們在第二週遇到了貴人，當時懷慈心中冒出一個直覺，想到要去找一位許久不見的老朋友，沒想到友人給了一個新房的相關資訊，完全符合懷慈和老公想要的屋況。更神奇的是，那時也找到適合繳交房貸的被動收入，因為全然地相信直覺與宇宙源頭的訊息，他們在短短兩週內完成了不可思議的任務。

懷慈在學習希塔療癒之後，更相信自己的直覺，相信收到的訊息，就馬上去行動。也因為療癒自己、療癒家庭、療癒環境，讓自己吸引了更多的好運，成就美好人生。

冥想引導音頻

閱讀完畢第二章，相信你已更明白如何尊重與接受自己。

邀請大家找一個安靜的地方，閉上雙眼，打開音頻，引導你和宇宙的源頭進行連結，帶大家練習下載各種美好的信念。

CHAPTER 3

成為更高版本的自己

Become a better version of yourself

知道自己真正想要的—找到自己的熱愛和夢想—見證故事—顯化祈禱文

11 宇宙能量讓你靠

顯化成功的第一步——知道自己真正想要的

人們與生俱來就有顯化（Manifest）的天賦，而且一直在生命中有意識或無意識地運用著這些能力。每個人的注意力和專注力都有不小的差異，「顯化程度」和「顯化速度」自然不同，這也是為什麼有的人總是心想事成，但是有的人卻常常事與願違。

例如，當一個人對宇宙下了一個一百分的訂單，但最後宇宙只滿足了六十分，這不代表顯化的機制出現任何問題，而是這個人還沒有完全相信自己的顯化和創造能力。當你只相信六〇％，就會在結果中顯化出相對應的比例。

宇宙源頭的造物主是非常具有智慧和準確無誤的，總是能反射出內在最真實的你。假使某個人希望一個月就能實現自己的訂單，但宇宙卻花了三個月才實現，像這樣延遲了顯化速度，可能代表著當事者不夠相信這一切，不夠相信時，同樣的，意念的專注度也會不足。**當你越來越信任整個過程，顯化發生的速度就會越快，顯化過程的本質，是由你和宇宙共同創造，所以需要給宇宙和自己滿滿的信任。**

吸引力法則提到，光是詳述一件事情就可以使它在生活中顯化，這個機率大約是三〇％～四〇％。如果加上冥想和觀想，則提高實現的機率到五〇％。而在希塔波狀態中做顯化，會提高實現的機率至八〇％～九〇％[1]。因為希塔波是連結表意識和潛意識的橋梁，進行顯化將產生巨大的成效。

維安娜說：「當決定人生想要顯化什麼時，最大的挑戰是決定你真正要的是什麼。」尋找答案，是一個需要不斷刷新認知、推倒重置的過程。其中根據過去的閱讀、思考、經歷、體驗、自我觀察等，不停地向內詢問自己，不斷修正，不斷確認自己想要的東西。感覺就像拆開一團亂七八糟的毛線球，你得充滿耐心地一個一個去解開它的結。

相較於一直在尋找真正要什麼的人，我似乎比較幸運。記憶中，大概從國中時期就決定未來想成為新聞人。還記得小學六年級時，看著新聞節目就想著以後也要做這份工作，那是還沒有網路、只有三家電視台的八〇年代，但卻沒有概念該如何往這件事前進。上了國中之後，繁重的課業讓我忘記這件事，直到國三的某一天，突然看到一本手冊介紹每間大學的科系，看到「新聞傳播系」時眼睛為之一亮，當下便決定大學要念新聞系。

從決定要做到真正完成，中間經歷了六年。小時候對於課業很不在行，高中聯考時根本考不上任何一間台南的高中，連當時的五專制學院也考不上，總之就是一團糟。母親幫我報名了重考班，我在台南的補習班裡，繼續接受半年的填鴨式學習，遇到補習班倒閉，只好轉到高雄再繼續補習。再考一次高中聯考，依舊考不上好學校，當時已經放棄大學要念新聞系的夢想了。

決定選擇五專制的學院時，因為不知道該選擇哪一個科系，勉強選了「應用外語科英文組」，只因為似乎是不需要再接觸數學的科系。直到五年級，發現畢業後可以選擇用「轉學考」的方式，進入大學念二年級，不禁又想起新聞系，於是便報名了補習班開始準備考試。也許是因為距離夢想很近，又是自己喜歡的科目，順順利利的就考上了世新大學新聞系。

1 《希塔療癒：世界最強的能量療法》Theta Healing® Introducing an Extraordinary Energy Healing Modality P.33.

大量的反思與自我觀察——找到自己的熱愛和夢想

大學時期的打工都與傳播有關，畢業之後進入新聞業工作長達十多年。這段時間，是屬於我的神聖時機，做著自己熱愛且擅長的事。但隨著自己不斷學習成長，在新聞工作後期階段，我一直問自己這是我真正想做的事嗎？是我想過的生活嗎？不斷釐清自己真正想要的是什麼。

這個過程需要時間，更需要努力實踐、大量的反思和自我觀察。在一開始想弄清楚這件事時，我就透過不斷追問自己這幾個問題，大致摸清心中想要的方向。為了找到人生的夢想，請務必認真思考以下幾個問題：

1. 理想中的人生狀態是什麼模樣？

試著從現到的年紀直到八十歲，想像包括家庭、事業、財務、伴侶、朋友、寵物、生活、城市、業餘時間等各個面向，思考在真實生活中會出現什麼，盡可能的將細節描述清楚。想像的時候，不需特別考慮經濟限制，只要符合客觀邏輯即可。

2.在這個想像的人生狀態中，你每天在做些什麼？

不只是睡覺、玩耍、吃飯等占據少部分時間的日常性事物。重要的是，想想在工作的時刻。那才是占掉人生大部分時間的事情，哪怕它看起來並不像是一個工作。也許是像村上春樹一樣，早起、寫作、閱讀、運動、早睡；也許是像管理職工作者，大部分時間都在交通工具上移動，出席各個會議場所；也許是像療癒師，冥想、接個案、教學、運動、寫作等。認真想像出生活中的行程表。

3.回想一下，生活中哪些時刻讓你最有成就感？

經常聽到他人如何稱讚你的哪些優點？最擅長的是什麼？細節越清楚越好，只要是自己認可的高光時刻就好。例如，別人會說你畫畫厲害還是會唱歌，或總是能夠逗人開懷大笑，還是你擅長整理家務、整理表格、整理企劃案等。

4. 什麼事情是你從小到大，一直都主動去做的？

哪怕是斷斷續續的也好，沒有做出什麼成績也不要緊。只要這是一件你從小到大都會不時想起，主動想要做的事，就把它列下來。例如，我從小就喜歡文字，會手寫歌詞、文章佳句、電影台詞，還曾練習寫過一陣子鋼筆字，喜歡手寫時的靜心過程。

5. 什麼事情是你花費最多時間去做的？

先別回答吃飯睡覺，想想維持生命以外的其他事情。

以上問題請自行回答，並記錄下來。也許一開始，可能無法很清晰地整理出頭緒，甚至回答不出來。沒關係，先把問題存在心中，冥想時再慢慢思考，待答案浮現於腦海中再寫下來，可以從整理的文字中持續觀察自己。

閱讀完前面提出的問題之後，需要繼續向自己提問新一輪的重要問題：

1. 做這件事時，你的感覺是什麼？

如果想像每天有八小時、十小時甚至十五小時，都在做這件事，帶給你的依然是正面情緒，那麼你已經摸到一點邊了。

2.爲什麼是這件事？

請自行回答。這件事為什麼會讓你樂於沉浸其中，是別人羨慕的眼光嗎？是完成時的成就感嗎？是自我表達的暢快嗎？是幫助別人讓你感到實現價值了嗎？這件事真正讓你在意的點是什麼？

3.如果這件事不賺錢，你還願意做嗎？

4.如果這件事需要你花錢去做，你願意爲了它而付出嗎？

5.如果你已經沒錢了，在追求每日的溫飽之餘，你依然會想到這件事，想爲了它繼續努力嗎？

這五個問題，一定要認真想像場景，想像這些時刻出現時的各種細節。當你產生強烈的感覺時，再次向自己提問；同樣的，若答不出來就將問題放著，不時看到、想到就好，這些也不是花三五分鐘就能快速講完的簡單題目。

觀察記錄並反覆思考，在這個過程中，會慢慢發現自己的熱情所在，可能會發掘一個連家人與朋友們都不認識的你，是非常有趣的過程。

最後，就是思考如何採取行動。我們都知道要達成心願自己需要做些什麼，也知道如何去做，真正造成阻礙的，是覺得控制不住自己去思考會成功還是失敗，而這個想法是來自於心底更深的限制性信念：你不相信自己能夠完成這一切。

在顯化的過程中，有時會困難重重，乍看之下像是受到外來的阻礙，實際上，卻是來自於本身的內在限制性信念。此時，請不要讓自己輕易地放棄，或是產生「無法真正實現」的念頭，這個時候往往是幫助自己勇敢突破限制的最佳時機。

我曾透過希塔療癒的方式，挖掘潛意識裡「知道自己真正想要」的阻礙。發現潛意識裡藏著祖先遺傳的記憶信念，對於「表達自己想要的」會感到危險。因此，我一直都不敢表達真正想做的事，只能默默的做。當我清理完這個信念之後，成為療癒個案的希塔療癒師與希塔導師，在這之前，我只能默默的療癒自己。願我們都能做自己喜歡的事，追求真正想要的人生。

看見無限可能，讓夢想成真——見證故事

婷婷原本在銀行當助理，離職後又到車燈製造廠工作，因為潛意識裡存有「我必須要做固定薪水的工作，就算只有底薪也沒關係。有固定薪資的工作，才能擁有穩定生活。」的限制性信念，所以一直做著低薪資的工作。面對公司的老闆與主管時，又不知道如何拒絕別人的請求，因此工作越堆越多，最後終於身心崩潰的離職。

婷婷在學習希塔療癒之後，透過生活中的觀察，才發現自己長久以來，習慣以他人為重心，忽略自己的感覺和想法，把吃苦當吃補，認為自己必須學習

很多的技能才能達到別人的標準、興趣不能當飯吃、畫畫沒有辦法賺錢等。清理掉這些信念之後，慢慢調整成允許自己休息、愛自己、接納自己的一切、看見及相信自己的才能、允許自己的情緒流動。

神奇的是，原本她只是單純喜歡畫畫，在透過挖掘的練習之後，開始有人因為喜歡她的作品而向她購買畫作，因此嘗試製作客製化的Logo、繪製Line的貼圖在網路販賣，就連從沒想過的百貨文創商品合作也隨之而來。

從辛苦的上班族變成擁有自己IP圖案的創作者，婷婷透過希塔療癒自己的限制，讓夢想成真，現在過著自由且豐盛的生活。

顯化祈禱文

親愛的宇宙源頭造物主，我向你下單：

我堅定相信思維的力量、相信宇宙的美好、相信我存在的價值、相信造物主的力量，我相信宇宙的運行規律。

宇宙間所有的愛正綿綿不絕流向我，而我也滿滿地承接這充盈著愛的能量。

在這世界上，沒有我做不到的事，我就是自我實相的創造者。

我的感受越好，顯化就越快。現在我擁有的幸福感非常強大，已經到了永恆的程度。

感謝宇宙，感謝自己。

現在的我很安全，凡事發生，必有利於我。

校準意圖—校準顯化清單—10個靈魂提問句—見證故事—顯化冥想練習

12 啟動顯化

既然「顯化」是每個人與生俱來的才能，那麼，我們其實一直都可以在物質實相中顯化自己渴望的一切。當一個人「願意相信」，就可以做到。因此，做到什麼並不難，「願意相信」才是比較困難的。

這樣的相信，不是多進行幾次心理暗示就能辦到的。而是藉由內在意識的真正改變，不斷移除各種限制性信念，恢復自己無限的創造能力。**顯化力量展**

現的前提，是一個人有多大程度上願意眞正改變自己，尤其是深入地改變內心。

不論是希塔療癒或其他的療癒系統，都非常支持大家寫下自己的顯化清單。在顯化的時候，大腦的潛意識就會替我們工作。大腦像是一台超級電腦，如果你只讓它進行一項任務，它就只會做一件事情，而且沒有任何時間線。簡單舉個例子，如果你說「我想要更多的經濟保障」，很可能要花一輩子的時間才能辦到。但如果你替大腦列出一串詳細「得到經濟保障」的方法，它將立即為你顯化，不管你列出二十件還是一百件，甚至更多。

世界上的一切都可以顯化。擁有實質性的物質並沒有不對，你可以將任何想要顯化的物質寫入清單當中。

找出自己真正想要，而非他人的意見——校準意圖

如何表達我們的顯化清單，也是影響顯化的關鍵所在。顯化的本質是一個「念」，人們向宇宙發送的念頭，不管具體內容是什麼，只要向宇宙發送了一個特定念頭，宇宙便會開始運作，而這個「念」會落地，會具象化、實體化、物質化。

宇宙的法則在一定範圍內是恆長的、特定的規律。所以在顯化過程中，並不需要去注意宇宙是如何運作的，因為那是宇宙的事情。我們能做的，就是如何從萌芽階段，以最妥善的方式將這個「念」傳遞出去。

寫下顯化清單，就是向宇宙輸出這個「念」的過程。建議大家親筆手寫，這樣會充滿更多自己的能量。

而關於顯化清單，最容易被忽略的則是「校準的意圖」——寫下的願望，

是不是你心中真正所想？當你決定要做什麼事情時，就已開始在顯化，因為你的抉擇正發生在心智體上。這樣的抉擇，會在心智體上創造出能量漩渦，接著顯化到現實生活的物質層面上。這不是什麼奇怪的物理法則，而是宇宙自然運行的法則。

我們必須試著整合自己的內在訊息，療癒自己、做出對的決定，只要心中有明確的選擇，便能顯化所有事情。潛意識裡的限制性信念，有時會導致我們做出錯誤的決定。例如，父母親想要你當老師，你就很可能成為老師，但這是父母的決定，不是你的。如何區分出是自己真心想做，還是他人希望你做的差異非常重要。**你必須傾聽內在，替自己做決定，才能更善於應用顯化。**

有一個簡單的顯化公式：**顯化的結果＝意識＋能量＋行爲＋選擇。**

意識就是我們的想法與念頭——這個東西你是出於什麼原因想得到？也許你會發現自己有五花八門的想法，但其中有些部分來自於他人的干擾，或集體意識的催眠，讓你誤以為這是自己的。因此，寫完清單之後，可以透過十個靈魂提問，讓大家感受、校準與思考顯化清單對自己的意義何在。

以喜悅的語言和能量迎接顯化——校準顯化清單

在希塔療癒課程中，會用顯化筆記本寫下自己的清單，維安娜是使用紅色的顯化筆記本，因為紅色是脈輪「海底輪」的顏色，也代表豐盛的意思。

願望要具體且明確，顯化清單可以寫下二十到三十條詳細的內容。為什麼清單要列得越詳細越好呢？如果列舉得不夠詳細，宇宙或潛意識可能會不知道你想要的具體方向。而我們在寫顯化清單的時候，也是審視生活現況的一種方法，反映著你會以什麼樣的狀態迎接豐盛的生活。

每個人對「豐盛」的理解也截然不同，如果想要的是「豐盛」，描述得越具體越好。假設是關於金錢，是顯化「賺錢」，還是「擁有錢」，還是「花錢」去滿足某個願望？同樣是與金錢相關的願望，都必須有明確的目標。**把具體的目標告訴宇宙之後，就要放寬心，不需限制宇宙以何種方式幫我們達成，放下對此任何的期待，眞心信任即可。**

撰寫願望清單時，注意避免一些負面的描述。例如，我不想要變胖。這個句子背後的能量是抗拒、厭倦等負面能量，若帶著這樣的能量顯化，只能共振到相同頻率的能量，那麼你的體重可能就會一直忽胖忽瘦。

有些人在寫清單的時候，內在會出現一些這樣的聲音：「這是不可能實現的」、「這挺難的」、「這可能不行」像這樣相反意念的聲音會抵消掉原本的能量。也就是說，當你寫下願望時，內在要有「可能的、能夠擁有的」感覺。因此，使用積極且正面的描述，帶著喜悅的語言才能擁有能量傳遞，讓顯化產生最佳的成效。

寫顯化清單的時候，記得將句子寫成現在完成式：**「我是、我已經、我已經在這樣做了。」**這樣的肯定句。不要寫「我想開始運動」，應該寫成「我正在運動」，就好像你已經擁有、已經做過了，或是「我已經擁有完美體重」這樣的現在完成式。請記住，當開始顯化每天都會運動時，潛意識因為透過希塔波接收到明確的指令，便會開始自動執行，而宇宙也會同時協助推動這個目標，讓你在不知不覺中把車子停得較遠，促使你多走一些路、多運動。

去賣場購物時，有時列了一長串的清單，但不一定會完全按照清單上寫的來買，也許會看到很多額外的東西。顯化也是一樣，你會得到許多意外的禮物。也許你只要求顯化七樣食物，但最終可能會獲得十樣，這是一件非常棒的事。我們可以將其中一部分，留給宇宙。

我在課程中，會協助學生列出七大方向，帶大家寫下屬於自己的顯化清單：

1. 心靈成長：有什麼樣的突破成長、心境如何轉換。

2. 金錢財富：收入目標、有多少存款。
3. 事業工作：如何發展、有多少夥伴。
4. 興趣學習：想學什麼、考到什麼證照。
5. 健康身體：生活作息、每週運動幾次、吃什麼樣的食物。
6. 人際關係：想要什麼樣的伴侶、家庭關係如何。
7. 旅遊：去哪裡玩、和誰一起去。

而在清單的最上方，我會先寫一句**「我已經以最好、最理想的方式擁有」**接著再開始列點。為什麼需要加上這句呢？如果不是用最理想的方式擁有，可能會以一些我們並不樂見的方式得到。例如，許願擁有一百萬台幣。如果不是用最理想的方式，也許會發生一些意外，讓你從保險理賠金或家人過世留下的財產等得到。誰都不希望必須經歷事故才能獲得財富。如果是最好、最理想的方式，則可能從投資獲利、長輩給一筆錢、創業順利、業績獎金等方向而來，宇宙要用好的方式送錢給你，自然有上百萬種方法。

除了避免負面言辭外，還可以一條一條地梳理自己顯化清單背後的能量，淨空大腦，檢視一下自己，過往是否曾因為沒有實現，而讓心中留下很大的失望、沮喪、悲傷、憤怒等負能量。大家都會有顯化金錢的目標，但金錢在多數情況下，只是一種方法而非目的。

金錢問題可以幫助我們發現自己最想要什麼，如果金錢不是問題，你會選擇顯化什麼？有人想顯化一千萬，實際上他是想要買一棟房子。那麼就不需要寫一千萬這個數字，可以劃掉這個目標，而是具體寫下心中想要的那間房子，是什麼模樣。例如：「我已經擁有了一間三房兩廳、幾個陽台、獨棟透天、什麼座向、在什麼樣的社區裡、周圍是什麼樣環境的房子。」

金錢只是一種能量，一種工具，它是爲了服務你而存在。所以，想顯化這筆錢，運用於什麼用途上的描述才是最重要的。

顯化還有一個重點：尊重自由意志，只為自己的人生做顯化。每個人都擁有權力決定自己的一切，我們無法干涉別人的想法和選擇。所以，也不該侵犯別人的自由意志作為顯化。因此，無法顯化讓某個人來愛我，清單上不能寫「讓彭于晏愛上我」。也不能為自己的小孩或家人顯化，像是希望小孩熱衷學習或身體健康。但可以寫：「我已經擁有了一個愛學習和身體健康的女兒。」也不需要寫我想像某某明星般漂亮，因為我們終究只能成為更好版本的自己，無法成為他人。

誠實的面對自己，才能顯現力量——10個靈魂提問句

寫完清單之後，找一個安靜的環境，試著讓身體放鬆，邀請自己做三次深呼吸，冥想與宇宙源頭造物主連結，想像有一個白色的光球，把你整個人都包圍著。你在光球裡感到無比的放鬆、舒適，在心裡面設定一個目標，請求造物主和高我與你同在，指導你制定這個顯化清單。

一定要真實的面對自己，與自己的內心對話：

1. 看著自己的願望，問自己為什麼要顯化這些內容？
2. 顯化清單上的目標，對自己來說為什麼是重要的？
3. 如果實現了這個目標，是否符合你好、我好、大家好的三贏局面？
4. 這個目標如何協助我成為更好的自己？
5. 這個目標如何支持我走向生命的藍圖？
6. 這個目標達成後，能幫我拓展哪些美德、靈魂品質或正面影響？
7. 這個目標達成後，是否符合所有人的最佳利益？
8. 我是以正面意圖還是負面意圖，實現這個目標？例如，是恐懼、擔心還是希望、喜悅？
9. 我要用什麼樣的方式回饋這個清單？（例如：捐款給公益團體）
10. 藉由這個清單，我要感謝哪些人、事、物？

完成校準之後，感受一下自己的內心，試著覺察顯化目標有沒有需要修改的，我們必須誠實地面對自己的內心。當你以最真誠、誠實的態度來面對，顯化將會展現出真正的力量。

其次，平時可以經常進行靜心冥想，尤其是希塔波冥想能進入潛意識裡，有效清理原本不屬於我們身心的一些信念。當心中正面積極的信念越多，負面情緒越少時，與「高我」進行校準的時候，就能更深入地聽到自己內心的指引。你所聽到的內容，就是最符合個人利益的一切，顯化會既簡單又輕鬆。

寫完之後，在最下面寫上：「此事，或更好之事，以全然圓滿和諧的方式，為所有相關人群的最高利益，此刻為我呈現。」還可加上其他你喜歡的正面肯定句，並簽上名字。

當然，顯化並不意味著只要動筆寫寫，然後坐著等待就好。顯化通常需要一些過程和時間，而行動則是促使你與宇宙連結的方式。制定清楚的短期、中期、長期顯化清單，有助於我們朝目標邁進。先把短期的列下來，如果有遠大目標三年內要完成，也要列下來。可以詢問宇宙源頭造物主，有哪些是短期和中期該完成的？例如，買跑車可能是三年，但仍有兩年或一年的目標要先完成，因為要先學開車、要無貸款買車等。

有些人不知道三年後要做什麼，代表只計畫著在當下的事情，這是一種被動式顯化。當你不知道要完成什麼時，可以先顯化自己想成為什麼樣的人，具備什麼樣的美德？例如，無懼、坦承、充滿愛，可以詢問宇宙源頭造物主，要擁有哪些美德才會達成最棒的成就。

你能擁有比夢想中的還要多更多，宇宙有一股力量支持著你的每一步。當你願意認同自己的內在力量時，便能顯化更多，希望大家都能如此深信不疑。在與宇宙源頭造物主連結時，也能夠付出自己的愛。隨著自己的內在和生活的改變，正面能量將轉變成強大的潛力，成為豐盛、健康、活力、愛的能量，只要具備了這些力量，就能影響身邊的人，進而促使集體意識在潛移默化中改變。

顯化出自創的獨立品牌——見證故事

我的學生琦茵，在最低潮的時期接觸了希塔療癒。當時的她，人生路途辛苦不堪，經歷了人際上的大洗牌、信任的夥伴離她而去、信仰的事業崩盤瓦解、原生家庭更是風波不斷。

那段艱辛的日子，挑戰著她對人際關係的信任、對自我存在的價值、對人生使命的定義、對單純善良的質疑。人生一直出現許多戲劇化的轉折，讓她被醫生診斷出「憂鬱症、躁鬱症合併恐慌症」，她沒有一天不掉眼淚，每天只求老天爺能早點讓她離開這一切。

在這麼痛苦的時期裡，琦茵仍不斷尋求各種幫助自己的機會。透過希塔療癒課程中的學習和練習，覺察到自己過去經歷的風暴，是由許多限制性信念造成的：「過去的我，有太多的正義凜然、二元對立、是非分明的信念。」透過造物主的訊息，她才明白，在無條件的愛裡並沒有立場，甚至沒有對錯，只有尊重與包容。

學習療癒之後的她，重新面對原生家庭的關係時，不再像過去一樣心生怨懟，抱怨為何大家要這樣吵鬧不休；不再像從前那般束手無策，她會請造物主送光和愛給家人，並祝福且等待他們都能戰勝小我、連結高我。

宇宙也替我們的人生安排了各種驚喜。曾經身陷谷底的她，從沒想過紓壓對身心健康有多麼重要。她在歷經壓力落髮之後，希望人們在結束一天的忙碌工作，能在難得的沐浴獨處空間中，透過水流的淨化，好好享受精油香氛帶來的放鬆，進而自創品牌「療浴蒔光」。在療浴蒔光中，她重拾了與人們合作的信心，克服一直以來恐懼與他人合作的背叛與傷害。療浴蒔光的商品讓客戶們稱讚連連，建立起口碑宣傳，在市場上打出漂亮的成績單。

除了顯化出「療浴蒔光」這個品牌，她甚至顯化了一間新房子。這間房子是在希塔療癒進階課程的練習中觀看到的，當她走進房子時，驚呼這是她曾看過的熟悉畫面，一模一樣的房子竟然出現在眼前。

琦茵覺得自己最大的改變，是不再處於受害者的角色，面對人際上的相關問題時，會轉換視角、釐清真相，明白每句話背後真正要傳達的想法、每個念頭源自於什麼信念、每個情緒又來自於什麼樣的設定，帶著愛和同理，跟團隊裡的夥伴進行溝通，讓豐盛自然流動。

STEP 4

最後來到一切萬有源頭造物主的地方，想像自己在珍珠璀燦的白光裡。

STEP 5

當我們在白光中時，在心裡默唸：「一切萬有源頭的造物主，我以最好、最理想的方式，擁有我的顯化清單，謝謝您，完成了、完成了、完成了。」

現在觀想你在白光中，出現一個巨大泡泡，你往泡泡裡頭看，泡泡中有一個你，泡泡中的你是已經完成所有顯化清單的你。想像他目前有什麼樣的感覺？心情如何？穿著什麼樣的衣服？正在做什麼事情？或是住在什麼樣的房子裡？去感受已經完成的心情，讓自己完全沉浸其中。

接著，出現一隻巨大的手，伸進這個大泡泡裡，不斷的攪拌、攪拌著，這個大泡泡變成很多個小泡泡，灑落在自己的身上，喚醒全身細胞，記住這個已經完成的感覺。

在白光中說：「感謝一切萬有源頭的造物主，我已經完成顯化清單了。」

★

日常練習

顯化冥想

上一章談到在希塔波狀態中做顯化，將提高實現的機率到八〇%～九〇%，因為透過希塔波深入潛意識，能讓顯化產生巨大的成效。現在，準備帶大家進行希塔波的顯化冥想練習。

STEP 1

找個安靜的空間，閉上眼睛做三個深呼吸。

↓

STEP 2

想像地球正中央出現一道強烈的白光，這道白光穿越了全身來到了頭頂，形成一顆美麗的光球，想像把自己的意識放在這顆光球裡，跟著光球一起穿越天空、穿越地球、宇宙。

↓

STEP 3

穿越一層一層的暗光、亮光，到達深金色的光，再到達彩虹般的果凍物質世界。

想像回到白光中，有一股像瀑布的能量沖洗自己，接著就可以回到地球上，睜開眼睛。

把剛剛冥想過程中看到的、感受到的一切，全部寫下來。

神聖時機和靈魂使命—神聖介入—見證故事

13 輕鬆豐盛的走上神聖時機

完成你的靈魂使命，人生將無比圓滿——神聖時機和靈魂使命

「神聖時機」是什麼？每個人都有自己的神聖時機。靈魂來到地球之前，會承諾給自己、給造物主、給靈魂家人，這次來到地球要完成的神聖使命和神聖任務，當你開始進行任務的那刻起，就是所謂的神聖時機。

神聖時機也是生命最好的版本，從更高的靈性角度來看，就是來到這個世

界的原因。當這個時刻開始時，整個宇宙會推動你、協助你完成這個神聖的時刻。有些靈魂家人會喜歡你的神聖使命，會與你一起完成這個任務。假設你的其中一個神聖使命是成為母親，那麼，當你成為母親的那刻起，就是你的「神聖時機」。

人的一生，會有好幾個神聖時機，當你選擇走上這些神聖時機時，等同於走在生命藍圖上。

如果把人生拍成一部紀錄片，這部紀錄片就是我們的生命藍圖。生命藍圖是由你此生在地球上，從出生到死亡的所有經歷，組合成一幅波瀾壯闊的畫作，涵蓋了整個生命歷程。它是我們出生前，靈魂和造物主以及十二評議會[2]成員們一起擬定好的計劃。每個靈魂經由它過往的經驗、所學習到的愛、業力基礎等三個要素，寫出這一世的劇本，你想成為的角色、需要經歷哪些事件的學習，都是靈魂早已決定好的。

靈魂在出生前的計劃，有一部分是關於如何讓地球變得更好。每個人的靈魂使命數量不一，有的人只有一項，有的人卻很多項，就好像一生只做一份工作，但也可能同時兼做好幾份。靈魂使命可以按照時間順序完成，也可以多項同時進行。我們的生命藍圖由無數個靈魂使命所組成，靈魂使命就像是生命藍圖上的拼圖。

每個人都有專屬的生命藍圖、靈魂使命、神聖時機，但不是人人都能完成靈魂使命。有的人在很小的時候，就知道自己的靈魂使命是什麼；也有的人，需要多年的時間才真正體悟到。當你完成了生命藍圖上所有的靈魂使命，在人生結束的時候，將會感受到無比的圓滿。

當你被宇宙的力量驅使著，走在完成靈魂使命的路上，完成靈魂使命的具體任務和時間點就是神聖時機。當靈魂覺醒到理解自己的使命時，神聖時機的

2 每個靈魂家庭都會有由十二位揚昇大師組成的一個評議會，這些成員都是高頻率的大師。

大門將為你敞開，就有機會去執行靈魂使命。透過不斷地學習，我們會因為神聖時機與靈魂家族相遇，一起完成靈魂使命。

地球也有自己的神聖時機。每個人都可以有多個神聖時機，有的是單一事件，有的持續數年。**神聖時機可能是很小的事，像是在對的時間、對的地點、說對的話激勵某個人。而這個小小的舉動，也將改變世界的振頻。**神聖時機也可能是重疊的時間，比方說，你在成為母親的同時，也成為了療癒師，每一個神聖時機進行的時間有長有短。

神聖時機可能維持幾個月或幾年，我們要為神聖時機的來臨做好準備，而要準備多久，則取決於神聖時機的大小。假如你的神聖時機只有一個人或一件事，只要花一點點時間準備就可以完成；但如果你的靈魂使命是一幅龐大的拼圖，表示你有許多待學習的美德，得協助更多已許下承諾的人。一個背負著重大使命的人，可能要學會十四個美德，或是給予地球上眾多人們某個承諾。為了完成神聖的拼圖，必須耗費好幾年的時間做足準備。

生活中的不順遂，都是一種暗示——神聖介入

神聖時機無論大小，一定是符合我們靈魂的最高利益的。有時在小我和潛意識的信念系統中，我們可能會背離神聖時機的順流。但宇宙總會有辦法讓我們回歸到神聖時機的道路上，這稱之為「神聖介入」[3]。

維安娜的兒子 Joshua 老師在課程中談到他的神聖介入，維安娜創立希塔療癒時 Joshua 還很年輕，有許多想做的事，所以他離開希塔療癒想去陌生的環境闖蕩。但不論離開多久，都會有人提醒他該回到希塔療癒。

有一次，他以軍人的身分前往中東地區，某天看見同事經痛很嚴重，心中有愛的 Joshua 便想用希塔療癒為她改善疼痛，並希望同事不要把這件事說出去。沒想到因為同事明顯好轉，這件事開始在軍營中流傳，越來越多人找他進

3《希塔療癒——你與造物主：加深你與造物能量的連結》Theta Healing®：You and the Creator: Deepen Your Connection with the Energy of Creation P.202.

行療癒。最後，Joshua甚至在軍中開設了希塔療癒的基礎課程。當他發現離不開希塔療癒時，就是他其中一個神聖時機。

神聖時機來臨前，可能會遇到一些低潮時期，這些經歷是為了推動你走向神聖道路。我在二〇一九年學習希塔療癒，當時並沒有遇到很大的創痛，只是在工作和關係上感到很迷惘，想透過希塔療癒提升自己的能量，改善低落的狀態。當時的我，並沒有想要成為療癒師或導師的想法，單純想為自己而學習。

二〇二〇年，完成希塔三階課程後，不巧遇到新冠疫情爆發，當時工作全部停擺，瞬間進入人生低谷。現在回想，這個階段就是我的神聖介入，因為整個過程成為讓我走向療癒師的神聖時機。也因為我已遠離了各種負面信念，讓我走上神聖時機時既輕鬆且豐盛。

神聖時機有可能改變嗎？改變某些事情是可能的，但神聖時機是我們來到地球的部分原因，也是此生的任務，所以改變它就是違背自己的承諾[4]。

靈魂知道你的道路、使命、神聖時機是什麼，你必須要抵達那裡，當你在靈性使命上往前進，你會感到越來越快樂和安全。**但如果走在神聖時機上時，潛意識的信念系統仍有許多限制，可能在面對某些事情會不太順利，你也無法享受其中。**

維安娜說：「你永遠都要抵達到你的神聖時機，但你是帶著什麼樣的狀態抵達神聖時機？是清理很多信念系統，具有很多美德的輕鬆走上？還是陷入戲劇化的人生裡？」

當我們透過希塔療癒清理和療癒自己，生命就會展開更大的可能性，讓嶄新的機會走入人生，帶著各種豐盛的愛改寫全新的生命劇本。

宇宙永遠不會給你任何你還沒準備好的東西。也許你會覺得，好多不順心

---

4 《希塔療癒：世界最強的能量療法》Theta Healing®: Introducing an Extraordinary Energy Healing Modality P.361.

的事都出現在自己身上，但你已具備了妥善處理這些事件的能力。回顧過往，想想在生活中曾遇過多少挑戰，看看自己經歷這些挑戰後，成長了多少。也許，你現在正經歷著一段非常困難的時期或考驗，但請相信，你已為了要面臨的任何事都做好了充足的準備。

每個人在地球上都有一個主要的課題，有時為了刺激靈魂成長，劇本中會下些猛藥，表面上看似受盡苦難，背後卻圍繞著偉大的愛。除非我們臣服於無條件的愛，否則將難以理解造物主賜給我們禮物的真正原因。作家蘇菲亞•布朗（Sylvia Browne）曾在《來自靈界的答案》一書中提到：「只有最勇敢、最傑出的靈魂，才有勇氣設計出這麼嚴苛的挑戰。」

維安娜老師提到，與自己神聖時機相關的顯化更容易實現，只要遵循著自己的神聖時機，你就會擁有足夠的精力完成生命藍圖。在靈魂層面上，神聖時機是如此重要，讓我們能夠完成在地球上的使命。

當我們與宇宙源頭連結越深，就越能知道人生中發生的事情都有其原因。從中學習到該學習的，並了解自己是生活中的共同創造者，看看這些在神聖的時間裡被放入你生活的事物，然後與它們一起努力。

靈魂來到地球的目的，是為了靈性成長與體驗生命的可貴。生命中的曲折不是神給予的懲罰，而是為了靈性成長，無論你選擇的主題為何，唯有「愛」才是破關密碼，「無條件地愛自己」而後能「無條件地愛他人」。

發生在生命中的事件，無論是悲、是喜皆有其意義，沒有一件是白費力氣。發生在我們身上的故事，是為了激發內在崇高的「愛」，就是這份愛使我們脫離痛苦，樂觀面對一切，「愛」是宇宙間最偉大的力量。

隨著我們透過不斷學習去發展，我們會因為神聖時機的來臨與靈魂家族相聚。連結一切萬有的造物者的能量，並不斷練習，就能從目前存在的世界中學到許多美好的東西。

學會與情緒共處——見證故事

我的學生周起，同時也是與我一起合作教課的希塔導師。他在接觸希塔療癒前，從事業務性質的工作，雖然工作大致上都很順利，薪水也算優渥，卻長期被自己的情緒問題困擾著。他曾試過許多療癒自己的工具和方法，成效似乎都有限。直到學習希塔療癒後，深入清理內在的信念系統，知道大腦真正的運作方式，才開始允許自己的情緒流動，不再被負面情緒綁架。

學習希塔療癒，便是周起的其中一個神聖時機。他將興趣融入希塔，把藝術與療癒結合在一起，將原本擅長的流動藝術加入個案療癒中，也協助學生成為流動畫老師，一起讓療癒更深入人心，最棒的是顯化了一個更好的自己。

一開始，他根本沒想過要成為希塔導師或療癒師，直到完成導師班的課程後，在準備教學的過程中，他試著改變自己「不想、不敢收個案」這件事，個案們也隨之出現。完成療癒的個案們，後續所提供的反饋，總是令他感動不已。這也使他不禁想起自己曾在心中許過的承諾：「若有一天，我能從情緒低谷中爬起，希望可以幫助跟我一樣的人，不再受情緒所擾，與情緒好好共處。」

14 相信奇蹟會降臨

你相信奇蹟嗎？—生活中如何充滿奇蹟—如何打開感知力—見證故事

擁有越多美德，奇蹟越容易實現——你相信奇蹟嗎？

你相信這個世界上有奇蹟嗎？相信奇蹟的發生是有規律的嗎？奇蹟，對很多人來說是天方夜譚、是很難相信的事，發生在自己身上的概率小之又小，導致我們與奇蹟斷開了連結。

如果你也曾懷疑「奇蹟真的會發生嗎？」那麼，可以確定地告訴你：「奇蹟就在身邊，只能由你親自發現。」多數人都曾幻想過著奇蹟般的人生，卻沒有花時間去探索什麼是奇蹟？如果對於奇蹟不了解，奇蹟又該如何出現？如果你缺少奇蹟意識，即使奇蹟降臨你也看不見！

希塔療癒有一堂高階課程「七界」，維安娜在課程中談到存有的七界是教我們如何理解「一切萬有的造物主」，透過與造物主建立越多連結，我們越能感受到自己靈魂此生的目的，靈魂的目的是來學習美德以及開發自己的能力。這些善念，將協助人們從肉體的物質枷鎖中超脫出來[5]，越多輕盈的想法就越能創造顯化；美德越多頻率越高，就越能讓生命中發生奇蹟。記得第一次進修這堂課，是向克羅埃西亞的莉迪亞老師學習，上課的第一天，她跟我們談論關於「奇蹟」。奇蹟的定義是什麼？莉迪亞說：「當你認為這件事不可能，最後卻還是發生。」這就是奇蹟。

---

5 《希塔療癒——信念挖掘：重新連接潛意識 療癒你最深層的內在》Theta Healing®: Digging for Beliefs: How to Rewire Your Subconscious Thinking for Deep Inner Healing P.275.

許多人都擁有沉重的想法，腦海中充斥著許多批判意念，批判別人、批判自己，而生氣、悲傷等負面想法都很沉重。這些重量，對我們造成很大的阻礙。因此，我們需要學習如何專注，專注於自己的思想形式，覺察自己的想法。當我們擁有輕盈的想法時，可以更快速顯化。輕盈的想法傳遞速度比光速還快，它可以瞬間離開地球，穿越整個宇宙和七界，一口氣抵達七界最高處。

在希塔療癒中，「美德」扮演著非常重要的角色。美德是一種非常輕盈的想法，擁有越多輕盈的想法，就能迎接越多的顯化和創造。

宇宙給予我們很多機會學習美德，而其中的訣竅是將美德發揚光大，靈魂需要學會一些特定的美德，才能準確地執行自己的神聖時機。**如果我們背負著太多沉重想法時，就容易停在第三存有界，難以向上與造物主進行連結，顯化心中的願望將更加困難重重。**

目前科學已證實，測試腦波的機器在連結腦波時，發現負面思想會消耗人體更多能量。負面想法是沉重的，出現負面想法後，需要使用更多精力來修復自己。

維安娜的母親在剛懷有她時，被醫生發現膽囊有問題，感染了很多次，會有生命危險，需要動手術治療。當準備動手術進行麻醉時，才發現母親已經懷孕，醫生告訴她必須跟這個寶寶道別。但最後，維安娜還是奇蹟般的出生了，醫學上存活下來的案例十分少見。

有一個學生在療癒過程中，回想起自己在媽媽肚子裡時，因為胎位不正，出生時經歷了很大的磨難。當時，甚至被醫生告知這個孩子可能已沒呼吸，當她好不容易被生出來時，整個身體早已呈現發黑的狀態，但她的靈魂以堅強的意志讓自己活下來。

那次的療癒過程，讓這名學生釋放出許多潛意識裡的自責，以及「無法原諒自己」的信念。我試著為她下載「妳光是活著就是一個奇蹟」的信念，這個下載讓她感動痛哭，這是她第一次相信自己是值得存在的。

每個人來到世上都是一個奇蹟。有時生命中出現的考驗，可能會令人沮喪，以為無法度過難關，但我們總能跨越這些困境，展現生命的奇蹟。當你了解奇蹟，並願意相信奇蹟會發生時，你將與奇蹟產生連結。**相信自己活在奇蹟的頻率裡，懂得轉念，懂得療癒限制自己的內在思維，奇蹟將陸續發生在你的生活中，你也會真切感受到人生無比的喜悅與輕鬆。**

無論相信與否，奇蹟確實一直都存在著。想要什麼樣的奇蹟人生，都可以由自己來實現！

取消負面想法，多想想好事——讓生活中充滿奇蹟

當我們與宇宙建立連接通道，可以讓你得到想要的一切，包括快樂、健

康、財富等。我在希塔的世界裡，見證許多心想事成的人和事，並且看到奇蹟發生在他們的生命中。奇蹟之所以能夠出現，是因為這些人建立了與宇宙連接的通道。這是生命偉大的通道，是無限宇宙創造有限現實的方法，是無形到有形的奇蹟展現。

提到與宇宙建立連接的通道，大家是否覺得很難達成？其實並不困難，一個感知能力強的人，更容易與宇宙建立起連接的通道。他們把美好的願望透過能量通道傳遞給宇宙，並對自己的願望堅信不移，慢慢地願望就真的實現了。

感知力越強，與宇宙建立連接的通道就會越通暢、越寬廣，也越容易邁向成功的道路。多數人的感知力都比較弱，因為人們更傾向相信看得見、摸得著的事物，恰巧這樣的思維弱化了最關鍵的成功祕訣。

沒有開啟感知力的人，會顯得有些麻木，缺少目標和方向感。雖然他們很認真去想像美好的事物，但是並沒有得到回應。**當你打開感知力，啟動了超感**

知力，與宇宙建立連接的通道，此時，你便具有無窮的力量。

腦海中別總是想著「不要」的事。例如，出門不要忘記帶鑰匙、千萬不要沒有停車位、切菜不要切到手、投資不要賠錢、不要衰老、不要生病等，不管你想像的是好是壞，是不要的還是要的，你的想法都會透過能量通道傳遞給宇宙，並在現實中得到回應和呈現。

如果偶爾沒有注意到，一不小心產生了負面的想法，記得馬上說「取消、刪除」，負面想法就會被抵消。在某些情境下，難免會使用到出現「不」字的句子，例如：「我允許自己不夠完美」或「我不需要透過討好才能擁有好人緣」等句型，能幫助我們關閉負面的感覺細胞接受器，此時使用「不」字是沒有問題的。

接下來，要做的就是想想好事。今後生命裡發生的一切，都是自己吸引而來的，出現在心裡、腦海裡的畫面，透過能量通道傳遞給宇宙，宇宙接收到訊息之後，就會調整振動頻率，把改變後的能量發送給你，使願望在現實生活中逐一展現。

靜心冥想與平衡脈輪——如何打開感知能力

那麼，該如何打開感知能力呢？以下便和大家分享兩種有效開啟感知能力的方式。

1. 靜心冥想

靜心冥想的好處在於，每天只需要花一點點時間，就能對整個人生產生巨大影響。一般人對於「冥想」可能有些誤解，認為冥想就是停止思考、擺脫情感，以某種方式控制自己，但實際上並非如此。

真正的冥想，是以放鬆而專注的心態看清自己思緒的變化，對產生的情緒不加以評判，就像是當自己的心靈偵探。而透過希塔波的靜心冥想，會使我們更能感悟「現在」，學會如何專注於當下、如何活在當下，這就是靜心的本質。

「靜心」提供了我們以不同角度看待事物的機會，進而理解到，事情並不像外在表象那般單純。我們無法改變生活中發生的每一件小事，但卻可以改變感受它的方式。這就是靜心與專注力可以激發出來的潛能，你將發現生活中充滿奇蹟。

2.平衡脈輪

脈輪是指身體中七個主要的能量中心，它們分布在身體的不同部位，分別為海底輪、生殖輪、太陽神經叢輪、心輪、喉輪、眉心輪和頂輪。

平衡七脈輪的能量，對於人們的身心健康具有重要意義，也有助於提升靈性水平。當脈輪的能量平衡時，身體和心靈將能更快速地接收和傳遞宇宙的能量，可以打開與增強感知能力，並強化與靈性之間的連結。而身心失衡時，將

七大脈輪

改變能量的流動，使各脈輪失衡，導致身體產生相對應的病症，或出現匱乏、停滯、阻塞等心靈狀態。透過身心覺察使各脈輪能量平衡，就能讓自身與高頻能量共振，感受到生命的美好與豐盛。

①海底輪

平衡海底輪後，身體的能量會更加平衡，穩定性也隨之增強，會產生充沛的精力和動力去追求生活中的目標，也能自信滿滿地面對生活的挑戰。

②生殖輪／臍輪

平衡臍輪後，能敏銳地感受到自

己的情感和需求，並將它們表達出來。擁有更好的情感穩定性，不過度情緒化，能妥善處理人際關係和情感壓力。

③太陽神經叢輪

太陽神經叢位於胃部，代表個人的意志力和自尊心。平衡之後，能展現出真正的「自信」，也會變得更加堅定和有決心，面對機會的到來不會感到猶豫，能夠順利達成自己的目標。

④心輪

心輪開啟後，會感受到內在愛的能量流動，並富有表現關懷和同情心的能力。同時可以放下心中的恐懼和焦慮，與自己和周遭的人和諧相處。在日常生活中，能接納自己的所有情緒，卸下自我防禦機制，平靜的安頓身心，對於付出不要求回報。

⑤喉輪

平衡喉輪，會感受到自己的語言表達能力變得流暢，能夠真實而自在地表達自己的想法和感受。也可以使創造力和直覺力跟著提升，你可能會感到想法源源不斷、直覺力十分敏銳，並且充分信任自己的直覺。

⑥眉心輪

平衡眉心輪，可以帶來深刻的靈性體驗和領悟，讓人更容易理解和洞悉事物的本質，並且更能夠信任自己的直覺，擁有自省的精神，較少重複舊習或依循因果推論。

⑦頂輪

當頂輪平衡時，我們將感受到自我和宇宙間的緊密聯繫，並加深對於生命和宇宙的深刻理解，藉此獲得較高的自我意識和靈性覺醒，並開啟更高的精神層次。

而在日常生活中，有幾種方式可以幫助我們平衡脈輪，接著與大家分享如何進行練習：

A 呼吸法

有意識的呼吸，是最重要也最簡單的工具，能幫助重新校準脈輪系統。呼吸時感受到光充滿了每個脈輪，當你把覺知、意識和呼吸結合在一起，就可以穩定的連結每一個脈輪。

B 水晶療癒

水晶礦石是一種很好的輔助工具，有些人喜歡把水晶放在某一脈輪對應的身體部位上，或是直接將水晶握在手中，閉上眼睛，呼吸時想著藉由水晶的能量，讓自己變得冷靜、踏實。每一個脈輪都有代表性的水晶，不論是放在身上還是握在手裡，配合打坐冥想時使用都非常有效。

C 顏色療法

每個脈輪都有相對應的顏色，可以選擇自己較不活躍的脈輪代表色，有目的地穿和選擇同色食物，將能吸收該能量來平衡脈輪。例如，如果你希望與自我力量連結得更加緊密，可以穿上黃色的衣服補充太陽神經叢的能量，或是食用新鮮的蔬果，如南瓜、番茄來重新校準脈輪。這也是一種既簡單又有趣的顏色療法。

D 希塔療癒

在希塔療癒基礎課程裡，我帶學生做的第一個練習就是平衡脈輪。這個練習，可以幫助學生快速打開靈通感知力。

STEP 1 希塔波冥想與源頭造物主連結（請參考基礎冥想音頻 P.88）。

STEP 2 在白光中於內心默默與源頭造物主請求：「一切萬有的造物主，我請求用最棒、最好的方式打開平衡我的感知中心。謝謝您！完成了、完成了、完成了。」

STEP3 將意識移到自己的海底輪，見證並感覺海底輪有一股能量，仔細感受能量是明亮還是暗淡的。如果是暗淡的，想像用白光去打亮這個脈輪，當感受到脈輪變亮之後，再將意識往上移動至臍輪，用同樣方式見證每一個脈輪，直到最後一個頂輪也變得明亮。

STEP4 完成之後，回到白光中，感覺能量像瀑布一樣沖洗自己，就可以讓意識回到身體，回到地球上，想像紮根於大地之母。[6]

找回真實自己，關係變得更美好——見證故事

有位學生在美容行業擔任高階經理人，之所以來學習希塔療癒，是因為在關係中遇到了一些狀況，以及內心深處一直有著金錢匱乏的問題。

她說，當她學習完核心三階課程之後，那種開啟了全身細胞、並充滿能量的感覺，真的難以用文字敘述。此後，她開始細微地覺察到自己的重要，也懂得理解情緒的感覺，更能夠接納自己的不完美，而這些都是過去她不想面對的課題，就像把沉重的盔甲一直穿在身上。一直以來，她都用盡全力在工作，對金錢和關係有著嚴重的不安全感。

但她學希塔療癒並不是為了改變別人，而是想調整自己。於是，她學習清理自己的信念系統，以前覺得年薪百萬台幣是不可能的，但上完課之後奇蹟就發生了。工作上不斷加薪，帶領的團隊也替公司創造了豐厚的業績，讓她在短時間內升到最高的領導階層。

原本她與伴侶在關係上遇到很大的困難，甚至在思考是否該結束婚姻，但

6 執行方式和指令請參考《希塔療癒：世界最強的能量療法》Theta Healing®: Introducing an Extraordinary Energy Healing Modality P.361.

在調整自己的能量之後，與伴侶間的關係出現了很大的突破，兩人再次重拾甜蜜的戀愛感，原本伴侶對她的各種抗拒，轉變成支持。她笑著說：「老公產生很大的轉變，差點以為自己換了一個老公！」

如此美好的奇蹟，讓她更順利的走在神聖時機的道路上。

維持在高頻振動－活出更好版本的自己－希塔導師的見證故事

15 帶著愛展開每一天

穩定能量，將產生高效顯化——維持在高頻振動

當我們開始專注於自己的能量和內心，覺察並認識自己，便能理解可以透過改變思想和情緒的頻率，改善當下的生活。

「生活中的一切都是振動。」——愛因斯坦。

宇宙中的一切，都是由不同振動速度的分子所組成，例如樹木、岩石、河流、身體、思想和情感。有些分子振動得快，有些分子振動得較慢，能量也因此分為更高的振動和更低的振動。

當處在高層次的振動時，你會感覺更輕鬆、更快樂、更自在；低頻的振動會使你感到沉重、黑暗和混亂。幾乎所有的精神覺醒之路，都指向更高的意識領域，學會覺察不同狀態的振動。其實，成為更好的自己與物質成就無關，它與能量運作的頻率息息相關。

至於什麼是能量振動？又該如何在能量上散發正確的振動？人體平時都會維持著特定的振動頻率，可以理解為一種狀態、磁場、氛圍。無論身體、思想、精神、人或物質，都會呈現出能量的高低。

人們一生都在努力顯化自己的心願，無論是選擇學校、工作還是為我們帶來治癒和正面能量的人際關係，當你處在高頻振動時，便會吸引到周圍所有高頻振動的人、事、物。

而散發正確的振動頻率，意味著需要保持穩定的能量。如果你讓振動產生分裂，一邊渴望心中想要的，一邊排斥不想要的，念頭分裂在不同的振動之上，想要的（高頻振動）和排斥的（低頻振動）已出現分歧，從能量層面來看，宇宙將無法清楚理解要帶什麼給你。

你所專注的任何事情，無論是渴望的還是排斥的，都會在振動頻率裡活躍，因為宇宙會完全依照你的振動頻率，送來符合的一切。**如果能夠將念頭全部集中在渴望的，而非思考著不想要的，再去規避它們，將更容易以最高效率顯化心中渴望的自我和生活。**

美國著名的大衛・霍金斯博士（David R. Hawkins, Powervs.Force），使用精密的物理學儀器，經過近三十年長期的臨床實驗，包括各種不同的種族、文化、行業、年齡等，多元性指標，累積了幾千人次和幾百萬筆資料，用量化的指數1到1000，表示人類各種不同的意識能量其振動頻率的高低數值，一共劃分為17個能量級。

頻率數值200是正負能量的分界點。第9級「勇氣和肯定」的狀態是200，屬於中性。200以上的意念表現通常是：喜歡關懷別人，慈悲心、愛心、行善、寬容柔和等，這些都是高的振動頻率，能達到400到500。更往上在540是罕見的平和安詳、喜悅以及寧靜極樂的600，最後是開悟正覺，振頻在700～1000之間。

相反地，時常發怒，動不動就指責、怨恨、嫉妒、苛求他人，凡事自私自利，只考慮自己，很少考慮他人感受，這些人的振動頻率很低，而低振動頻率也是導致癌症、心臟病等各種疾病的原因。

根據霍金斯博士的研究結論，振動頻率高者能帶來強大的能量和美好的磁場。他舉例當諾貝爾和平獎得主德蕾莎修女（Mater Teresia）出現在頒獎台上

人類意識等級分布

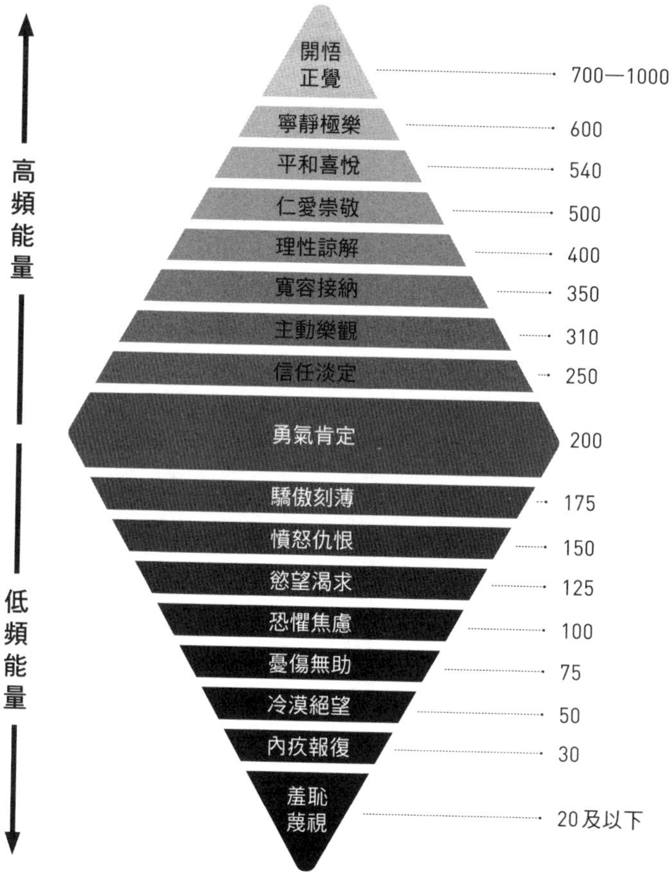
高頻能量
低頻能量
開悟正覺
700—1000
寧靜極樂
600
平和喜悅
540
仁愛崇敬
500
理性諒解
400
寬容接納
350
主動樂觀
310
信任淡定
250
勇氣肯定
200
驕傲刻薄
175
憤怒仇恨
150
慾望渴求
125
恐懼焦慮
100
憂傷無助
75
冷漠絕望
50
內疚報復
30
羞恥蔑視
20及以下

時，她的能量場影響著現場每一個人，在場的每個人都能感受到來自她身上的慈悲與平和的能量。

當能量很高的人出現時，他的磁場會帶動周圍事物變得既美好又祥和；而當一個人充滿許多負面意念時，傷害的不僅僅是他個人，也會使四周環境的磁場變得低落。

用愛的能量探索理想人生——活出更好版本的自己

什麼是更高版本的自己？是更有錢、更有成就？還是擁有更完美的生活呢？我想，這些都不是衡量更高版本自己的標準。更高的版本，並不是看我們從外界獲取什麼，而是向內觀看，去檢查、衡量我們的生命狀態有沒有突破和提升。

人的一生中，最重要的課題，就是全然地、綻放地活出真實的自己。當我們活出最高版本的自己時，便是對這個世界最大的貢獻。大大方方的活出自己的光，讓身邊的人都感受到你的明亮，他們也會被你的光所點亮、被你的光所感染。

這一輩子，我希望成為怎樣的人？我希望活出怎樣的人生？如果只是尋找某個理想的工作，或只想找個人陪伴，卻不願深入思考自己想成為怎樣的人，可能換過一個個工作或伴侶，也無法扎根落地。

當我們不斷探索自己是什麼樣的人，想活出怎樣的人生時，理想的工作會用最意想不到的方式來到身邊；越清楚自己眞正適合什麼樣的關係時，靈魂伴侶自然會來相遇。

當然，尋找這個問題的答案並非一蹴可幾，隨著人生歷程的發展，我們會像拼圖般一片片的拼出屬於自己的答案。也許，你未曾想過這些問題的答案是什麼，但也沒關係，在我們目前成長的教育環境下，大家都善於學習知識和技能，卻很少有人引導我們認識自己、探索自己。

人生當中會做出很多選擇，但很少人能清楚地知道，背後是什麼力量驅動你做出這些決定。例如，選擇一份工作時，是因為做這份工作可以充分展現自己的天賦與優勢？還是單純為了生存，或為了讓自己顯得體面與合群？選擇一個伴侶時，是為了在關係中充分地體驗愛、給出愛、學習愛，還是為了填補自己的匱乏，滿足自己的情感需求？從更深的層面來看，是因為愛還是因為恐懼？是因為愛自己、愛生活、愛生命？還是因為恐懼生存壓力，恐懼匱乏，恐懼不確定性？

恐懼是一種自我保護的能量，像一個保護罩局限我們留在安全地帶，讓我們變得渺小，也讓我們不自覺的按照社會規定、他人期待而活，並將自己的責任推給外界。**但愛是一種擴張的能量，它會帶我們走向偉大，引導我們專注於完成這一生在地球上的使命。**愛也會讓我們與最高版本的自己連結，帶領大家為自己負起百分百的責任，活出獨一無二的自己。

當你決定為了愛，探索自己的理想生活與人生時，便是勇敢替自己負起全部責任的時刻。像是對宇宙宣稱：「我的生活也許存在著許多不確定性，也許會遇到一些不理想的人和事，也許會受到一些傷害，但我依然決定為自己的人生負起重擔，我也知道，我的人生只能由我負起百分百的責任。」

與萬有源頭造物主連結，回到內在神性，當我們選擇遵循源頭的指引時，做出的選擇都會是愛的選擇。是時候學習放掉委屈、控制、犧牲與恐懼等能量，透過希塔波進入潛意識清理這些限制的、負面的能量，學習全心全意為自己而活，專注於做好自己熱愛、喜悅的事，並關照內心。

每個人生來都擁有愛的權利，愛的力量，只是在成長的過程中遺忘了。是時候在愛中拿回自己的力量，為自己的生命歷程而努力，尋找夢想，探索理想人生，構建專屬的生命藍圖。

你希望活出怎樣的人生？

你希望成為怎樣的人？

最高版本的自己是什麼模樣？

大放光彩、充滿能量的自己是什麼模樣？

此刻起，**不妨多問問自己這幾個問題，傾聽心的聲音、心的答案。也許這些問題目前還沒有答案，那也沒有關係，多給自己一點耐心和等待。**

此時，你只需要善加照顧自己的身心，從覺察、關照自己的身體與情緒開始，提供身體更多優質的食物、充足的休息；多和自己在一起，以冥想清理內在感受和情緒，體會生活中正在發生的事，便是與內心建立聯結。

慢慢來，慢慢前行。

相信你我終會找到這一生最為光明的風景。

相信你我終會走在讓自己閃耀輝煌的路上。

我站在陽光下，看著你我都在光明中，一起活出最高版本的自己，也活在愛與幸福中。

那些愛與幸福的能量，來得正好。

希塔導師的見證故事

★林佳蓉 Sabina｜Sabina心空間

從來沒有想過我的人生可以如此不同，直到遇見希塔療癒。在遇見希塔療癒之前，我在父母白手起家的小貿易公司上班。父親在我大學畢業前夕，因為肺腺癌離世。母親因為擔任會計的工作，對於專業領域的部分完全不懂，所以希望我能回家幫忙。從小，便覺得自己好像沒有什麼選擇，似乎生來就得被培養成接班人，沒想到這麼快要回家面對我一點都不喜歡的傳統產業。

回到家鄉後的六年，我一直都過得很不開心。加上從小習慣壓抑情緒，卻不知道情緒從何而來。認為自己的命運就是如此，真正想做的事就留到退休之後再說。

直到某一天，覺得不該再這樣沮喪下去，我想要找方法幫助自己。謝謝當時宇宙的指引，讓我遇到希塔療癒。讀了希塔療癒的書之後，深深受到吸引，覺得找到超脫宗教的人生答案。沒想到上完課以後，才是真正療癒的開始。我花了許多時間改變自己，過去因為一直活在父母或社會的框架中，只想著如何符合他人的期待，從沒替自己真正的負過責任。

我鼓起勇氣與母親溝通，在業績正值高峰的時期離開公司，踏上全職希塔療癒師及導師之路。現在的生活，是我從來不敢想像的樣子，也是我以為退休後才有辦法過的生活。能自由安排自己的時間，想休息的時候就休息，想工作的時候就工作。最重要、對我來說也最具有意義的事，是我正在幫助他人走向理想的人生。

★莊雅惠 YY—愛就自由Love & Joy

我在二〇一七年暑假遇見了希塔療癒，當時聽朋友分享了希塔療癒的神奇之處，純粹因為好奇心使然，便決定去上課。記得當時距離上課還有二個月的時間，我跟隨音頻進行了一次顯化冥想，顯化出上兩堂課程（基礎與進階）的學費。第一天上課後，確定我很喜歡這個療癒方式，便決定繼續上下去，結果在六天的上課期間，又顯化出之後的三堂課學費。就這樣，完成連續十二天的希塔療癒、五堂進修課程，改變了我的一生。

在那之前，我是一名全職的靈魂療癒師，雖說做著自己喜愛的工作是開心的，但仍存在著許多問題。像是無法有穩定的高收入、有金錢焦慮、對自己缺乏自信、覺得直覺與療癒力不足，和老公之間也存在著許多相處議題。

這些問題在上完希塔療癒課程之後，正迅速地朝更好的方向前進。尤其是二〇一九年，至東京完成導師課程回來後，有更明顯的改變與成長。而我也從此開啟了教學之路，一路上因為「憶起」與宇宙源頭的連結，找回療癒的能力，持續為自己清理信念，並不間斷地學習，讓我一年比一年更好。

現在的我，在事業上因為與造物主建立深刻的連結，開啟了強大的直覺感知力，擁有發自內心的力量，有更多能力去服務眾人，豐盛當然隨之而來，無需再為金錢感到焦慮。生活上，無論任何時刻都能做真實的自己，相信一切皆有可能，自由自在地享受生命。而最令人感動的，是我與另一半的關係，正一步步地達到心中最理想的狀態，我們一起走在共同的神聖時機，攜手合作完成在地球上的靈魂使命，幫助有需要的人。很慶幸遇見希塔療癒，讓我活成自己最喜歡的樣子。

★徐庭甄 Rosa ｜玫瑰老師療希塔

二〇二〇年開始學習希塔療癒，是一段充滿驚喜的自我成長之路。當我把療癒運用在生活中，便能快速覺察發生什麼事，心中的念頭是什麼，然後用療癒的技巧調整自己的行動。就這樣，在選擇改變潛意識和意識之後，我的人生產生了巨大的改變。其中，金錢財富是最早看到的，隨之而來的則是友誼、夥伴關係、自我滿足和成就感，更重要是，它促使我進入我的神聖時機，完成靈魂來到這個世界上的使命。

我與 Nicole 老師和 Wish 老師將愛與療癒的能量，透過 Podcast「Theta All the Time」散播給大家。而這兩年中，我成為管理兩間英語補習班的主任，服務更多需要英語學習的學生。我也將進入下一個神聖時機，與美商公司合作，幫助更多人獲得身體健康和金錢財富。

當你願意運用希塔療癒改變內在的信念和感覺時，並在生活中實際產生行動，內在力量便隨之綻放，你將成為更高、更好的自己。

★謝學孟 Wish｜飛享心靈空間

三十歲以前，我是一個再平凡不過的人，學歷很平凡、長相很平凡、收入也很平凡，覺得人生就是上班、下班、回家看電視。有一天，我問自己「真的甘於平凡嗎？」內在的不甘心，以及想改變的衝動，帶領我踏入身心靈的領域。在追求各種不同療法的過程中，我漸漸意識到「你的世界是由自己所創造的」，這個想法點醒了我。

三十歲之後的我，開始將靈性落實於生活中。以前遇到事情總愛抱怨，後來開始練習多說正面的語言；以前沒有理財觀念，後來開始學習投資與儲蓄；以前不喜歡與人交流，後來練習合作與結交各界好友。也因為如此，在機緣巧合下認識了 Nicole 老師，在她身上我看到了滿滿的正能量，對於未來理想的堅持，還有讓我欣賞的氣質。我們的理念一拍即合，展開事業上的合作，包含 Podcast 的錄製，這對我來說是莫大的榮幸，也等於是實現了自己的夢想。

現在三十五歲的我，開始環遊世界、經營著兩間年收百萬的公司、身邊有一群良師益友、還有支持我並共同走在靈性道路上的家人，也在新竹成立了工作室。我深深相信，每個人都具有改變一切的力量，取決於你是否相信自己。

冥想引導音頻

閱讀完畢第三章，現在要帶領大家進行顯化冥想。

邀請大家找一個安靜的地方，閉上雙眼，打開音頻，引導你和宇宙的源頭進行連結，喚醒身上所有細胞，帶大家連結無限的美好與豐盛。

閱讀完本書後，我已懂得如何與內在連結，用愛的力量找到自己真心嚮往的方向，並蛻變為更好的自己。謝謝宇宙的支持，讓我達成願望。我將一一寫下感謝的所有人事物：

讓全世界都支持你

希塔顯化天賦，成為更高版本的你

作　　者　張董宸 Nicole Chang
責任編輯　楊玲宜 Erin Yang
責任行銷　朱韻淑 Vina Ju
封面裝幀　李涵硯 Han Yen Li
內頁插圖　李涵硯 Han Yen Li
版面構成　黃靖芳 Jing Huang
校　　對　李雅蓁 Maki Lee

發 行 人　林隆奮 Frank Lin
社　　長　蘇國林 Green Su

總 編 輯　葉怡慧 Carol Yeh
主　　編　鄭世佳 Josephine Cheng
行銷主任　朱韻淑 Vina Ju
業務處長　吳宗庭 Tim Wu
業務主任　蘇倍生 Benson Su
業務專員　鍾依娟 Irina Chung
業務秘書　陳曉琪 Angel Chen
　　　　　莊皓雯 Gia Chuang

發行公司　悅知文化　精誠資訊股份有限公司
地　　址　105台北市松山區復興北路99號12樓
專　　線　(02) 2719-8811
傳　　真　(02) 2719-7980
網　　址　http：//www.delightpress.com.tw
客服信箱　cs@delightpress.com.tw
I S B N　978-626-7406-08-3
建議售價　新台幣３８０元
首版一刷　２０２３年12月

國家圖書館出版品預行編目資料

讓全世界都支持你：希塔顯化天賦，成為更高版本的你/張董宸著. -- 初版. -- 臺北市：悅知文化精誠資訊股份有限公司, 2023.12
面；　公分
ISBN 978-626-7406-08-3(平裝)
1.CST: 靈修 2.CST: 自我實現
192.1　　　112019495

建議分類｜心理勵志

悅知文化
Delight Press

線上讀者問卷 TAKE OUR ONLINE READER SURVEY

多聆聽內在聲音，
你將漸漸找到
自己生命的光。

——————《讓全世界都支持你》

請拿出手機掃描以下QRcode或輸入
以下網址，即可連結讀者問卷。
關於這本書的任何閱讀心得或建議，
歡迎與我們分享 ◡̈

https://bit.ly/3ioQ55B

《讓全世界都支持你》
購書抽獎活動

活動參加方式

請將《讓全世界都支持你》購書證明（發票或訂單截圖），與手邊實書一同拍照，前往本活動專屬 google 表單，填寫並上傳相關資訊，即可參加抽獎。

➡ **掃描 QRCode 前往本活動專屬 google 表單。**

參加時間

即日起至2024/1/28㊐ 晚上23：59止。

獎項

★ Nicole 老師一對一線上深度挖掘療癒（約60分鐘）。共 **2** 名

得獎公布時間

2024/2/1㊃ 將於悅知文化 Facebook 粉絲專頁公布得獎名單。

注意事項

1. 請完整填寫表單資訊，若同發票號碼重複登錄資訊，將視為一筆抽獎。
2. 悅知文化將個別以 email 聯繫得獎者，google 表單資訊請務必填寫正確。
3. 如聯繫未果，或其他不可抗力之因素，悅知文化得保留活動變更之權利。
4. 相關兌獎資訊發出後請得獎者自行妥善保管，請勿轉讓，遺失恕不重發。